LE RIRE
la meilleure thérapie

Catalogage avant publication de la Bibliothèque nationale du Canada

Samson, Guy, 1950-

　　Le rire, la meilleure thérapie

　　(Collection Psychologie)

　　ISBN 2-7640-0748-5

1. Rire – Emploi en thérapeutique.　2. Humour – Emploi en thérapeutique.
I. Titre.　II. Collection: Collection Psychologie (Éditions Quebecor).

RZ401.S25 2003　　　615.8'51　　　C2003-940780-2

LES ÉDITIONS QUEBECOR
7, chemin Bates
Outremont (Québec)
H2V 4V7
Tél.: (514) 270-1746

©2003, Les Éditions Quebecor
Bibliothèque nationale du Québec
Bibliothèque nationale du Canada

Éditeur: Jacques Simard
Coordonnatrice de la production: Dianne Rioux
Coordonnateur adjoint: Daniel Jasmin
Conception de la couverture: Bernard Langlois
Illustration de la couverture: Peter Adams/Getty Images
Révision: Jocelyne Cormier
Infographie: Dany St-André, 15e Avenue infographie

Nous reconnaissons l'aide financière du gouvernement du Canada par l'en-
tremise du Programme d'Aide au Développement de l'Industrie de l'Édition
pour nos activités d'édition.

Gouvernement du Québec – Programme de crédit d'impôt pour l'édition de
livres – Gestion SODEC.

Imprimé au Canada

Guy Samson

LE RIRE
la meilleure thérapie

LES ÉDITIONS
Quebecor
QUEBECOR MEDIA

*La santé est quelque chose de trop sérieux
pour être confiée aux seuls médecins!*

*L'humour est une chose trop sérieuse
pour être confiée à de petits rigolos.*

UN AUTEUR DE BANDE DESSINÉE DE MON ADOLESCENCE

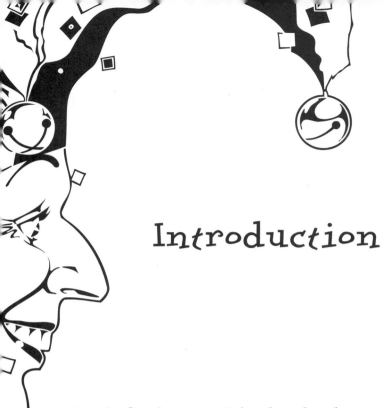

Introduction

Vers la fin du XIXe siècle, des chercheurs, dont Henri Bergson[1], ont entrepris d'étudier le rire et d'en démontrer les propriétés sur l'organisme humain. Bien qu'ils aient été les premiers à le faire de façon scientifique, ils n'étaient pas les premiers à comprendre que le rire a des effets bénéfiques sur la santé. Dès l'Antiquité, des médecins, dont Hippocrate et Galien, ainsi que des philosophes avaient souligné l'importance de rire. On retrouve même quelques références en ce sens dans la Bible: *Un cœur joyeux guérit comme une médecine, mais un esprit chagrin dessèche les os* (Proverbes 17,22).

Par la suite, de nombreux auteurs et philosophes, dont Rabelais, Baudelaire, La Bruyère, Hegel, ont également compris que le rire pouvait avoir des effets

---

[1] Henri BERGSON, *Le rire. Essai sur la signification du comique*, Paris, Éditions Alcan, 1924.

bénéfiques sur la santé tant physique que mentale. Au cours des siècles, plusieurs expressions sur le rire sont passées dans la culture populaire: plus on est de fous, plus on rit; rire à gorge déployée; rire de bon cœur; se payer une pinte de bon sang; mieux vaut en rire qu'en pleurer; etc.

De toute évidence, la sagesse populaire n'a pas attendu les recherches et les grandes conclusions scientifiques. Bien au contraire, puisque, jour après jour, les conclusions scientifiques viennent démontrer ce que le bon sens savait déjà.

Le gros méchant stress

Le stress, pour sa part, bien que présent tout au long de l'histoire de l'humanité, a été connu beaucoup plus tard. Étudié sous toutes ses coutures au cours des années 1800 et 1900, il a fini par se hisser au palmarès des «grands fléaux» du xxe siècle. Les effets pervers du stress, particulièrement quand il se manifeste de façon continue, sont maintenant clairement connus; on sait qu'il représente un agent favorable au développement d'une multitude de maladies, tant physiologiques que psychologiques.

En ce début de nouveau millénaire, la situation n'a pas changé, bien au contraire. À la rédaction[2] de ces lignes, la guerre est de plus en plus imminente entre les États-Unis et l'Irak, le prix de l'essence n'arrête pas de grimper, les Canadiens de Montréal se dirigent tout droit vers l'élimination et des élections générales viennent d'être déclenchées au Québec.

---

[2] Elle a eu lieu et le fantôme de Ben Laden continue de hanter les américains.

Dans une société en mutation rapide, où tous nos sens sont constamment sollicités, où tout bouge à une vitesse folle, nous vivons du stress d'une façon ou d'une autre, parfois sans nous en rendre compte, en doses plus ou moins importantes. Sans en être toujours conscients, nous ressemblons parfois à des rats de laboratoire cherchant notre chemin dans un labyrinthe.

Parce que le stress est sournois, il se camoufle derrière des événements en apparence anodins et il n'est pas rare que ce soit un tout petit contretemps qui fasse déborder le vase. Dans de telles circonstances — un bouchon de circulation, par exemple —, c'est souvent nous qui avons une propension à transformer en montagnes de petits ennuis parfaitement anodins... plutôt que d'en rire. Mais l'agression du stress n'en demeure pas moins réelle et néfaste.

Tout le monde ne supporte pas le stress de la même manière. Alors qu'une situation donnée aura peu d'effet sur un individu, elle pourra avoir des conséquences dévastatrices sur son voisin.

Le rire à la rescousse

À la suite d'une foule de témoignages et d'études scientifiques, les chercheurs ont cerné le stress, démontré ses mécanismes et élaboré des médicaments ainsi que diverses solutions pour le minimiser. À travers toutes ces recherches, un consensus a fini par se dessiner: le rire, même lorsqu'il est forcé, représente une des armes les plus efficaces pour combattre le stress et ses effets.

Mais, malheureusement, à une époque où nous en aurions le plus grand besoin, des statistiques démontrent que l'on rit de moins en moins.

En 1939, on estime que les gens riaient en moyenne 19 minutes par jour, contre 6 minutes en 1982 et à peine 4 minutes en 1990. Une autre enquête réalisée au Québec démontre que seulement 6 % des gens ont l'impression de rire suffisamment dans un milieu de travail.

D'après quelques sociologues plus alarmistes que les autres, les habitants des sociétés industrialisées sont en train d'atteindre un point de «ras-le-bol» qui a la conséquence suivante: l'être humain, en ce début du XXIᵉ siècle, agressé de toutes parts et sans arrêt, n'a plus les ressources internes nécessaires pour s'ajuster à tous les changements qui lui sont imposés en de très courts délais.

Si l'on tient pour acquis que les systèmes politique et économique ne changeront pas de sitôt, c'est donc à chaque individu qu'il revient de développer de nouvelles armes pour contrer le stress: gestion de son temps, relaxation, méditation, zen, exercice physique, massothérapie, hobbies, vacances, détente représentent autant de manières de «décompresser» et de régulariser la pression à l'intérieur du presto pour empêcher le couvercle de sauter.

Parmi la panoplie des moyens proposés, le rire représente une ordonnance intarissable puisqu'il est présent en chacun de nous et qu'il peut se mélanger à toutes les autres méthodes sans contre-indication et sans effets secondaires. Rire, c'est un des meilleurs moyens qui soient de réveiller le médecin qui sommeille en chacun de nous.

Devant cette carence en rire, une contre-attaque s'est organisée à l'échelle planétaire. C'est pourquoi on entend parler aujourd'hui d'hilarothérapie, de rigolothérapie, de gélothérapie, de clubs du rire et de diverses autres méthodes, thérapies et associations qui ont pour objectif de ramener le rire dans la vie de tous les jours ainsi que dans le milieu de travail.

Rire, méditation et relaxation servent de rempart contre les agressions torrentielles de la vie.

Qu'est-ce que le stress?

Je comparerais le stress à une colonie de termites s'attaquant silencieusement aux fondations d'une structure en bois. Petit à petit, sans qu'on s'en rende compte, les fondations s'affaiblissent. Si on n'intervient pas assez rapidement, les termites s'acharneront jusqu'à ce qu'ils aient terminé le travail et que l'édifice s'écroule. Mais, entre-temps, les fondations deviennent de plus en plus vulnérables au moindre choc venant de l'extérieur, par exemple un grand coup de vent, un tremblement de terre, etc.

Mais, à part cette métaphore, les effets néfastes à court et à long termes du stress sur l'organisme humain sont maintenant démontrés scientifiquement. Des instruments précis ont permis de mesurer les effets du stress sur les systèmes nerveux, sympathique et endocrinien.

Pour mieux pouvoir combattre l'ennemi, il faut d'abord le connaître et, surtout, en connaître les manifestations. En nous appuyant sur les recherches scientifiques réalisées à ce jour, il est maintenant possible de déceler les principaux agents de stress et de prendre des mesures pour l'empêcher de gâcher notre vie ou de miner notre santé.

Comme pour le cholestérol, on peut dire qu'il y a le «bon stress» et le «mauvais stress». Le bon stress, c'est celui qu'on considère comme normal et qui a permis à l'homme de s'adapter et de progresser jusqu'à ce jour: il finit toujours par trouver l'équilibre entre les changements qui lui sont extérieurs et ses besoins fondamentaux.

Hans Selye, un pionnier dans le domaine, définit le stress comme étant «la réponse non spécifique que donne le corps à toute demande qui lui est faite». Il décrit plus spécifiquement le stress comme une sollicitation faite à notre organisme (sollicitation heureuse ou agressive) et à laquelle nous pouvons ou ne pouvons pas nous adapter, nous pouvons ou ne pouvons pas répondre.

Selye, qui a été le premier à utiliser le terme «stress» dans ses écrits, avait d'abord utilisé l'expression «syndrome général d'adaptation» (SGA). Selon lui, le SGA comporte trois phases: la *phase d'alarme,* au cours de laquelle nous prenons conscience de cette sollicitation; la *phase de résistance*, pendant laquelle nous essayons de nous adapter alors que l'organisme se structure et se défend, entraînant des conséquences psychosomatiques; et la *phase d'épuisement*, au cours de laquelle apparaissent des maladies et des troubles de plus en plus graves à mesure que la phase se prolonge.

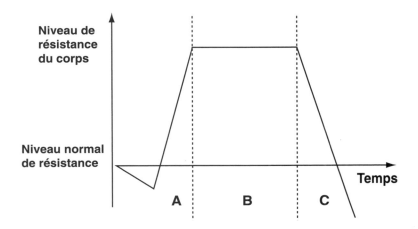

Les trois phases du syndrome général d'adaptation selon Hans Selye.

Dans un premier temps, une phase de choc intervient au moment où le sujet reçoit le stimulus stressant: son rythme cardiaque s'emballe, le tonus musculaire et le taux de sucre dans le sang s'effondrent. L'organisme va à ce moment tout faire pour s'adapter, pour faire face au stimulus.

Le système nerveux envoie donc un message à l'hypothalamus qui, en agissant sur la glande médullosurrénale, libère de l'adrénaline. En retour, celle-ci fournit à l'organisme l'énergie dont il a besoin en accroissant le rythme du cœur (donc son débit) pour mieux oxygéner les muscles et les tissus, tout en facilitant la libération du sucre et des graisses par le foie. C'est un premier stade où la mémoire et la réflexion sont améliorées. On constate une dilatation des pupilles, faisant en sorte que le sujet dispose d'une meilleure vision. Quelle que soit la nature du stimulus, la réponse biologique de l'organisme sera invariablement la même.

Si le stimulus persiste, le sujet entre dans une phase de résistance. Son organisme reste en état d'alarme et de mobilisation. Il s'efforce de générer d'autres ressources qui lui permettront de trouver un nouvel équilibre. Il se met à sécréter d'autres hormones: l'endorphine aux vertus apaisantes, le cortisol, la dopamine, la sérotonine et, enfin, des hormones sexuelles.

À ce stade, le stress est considéré, d'un point de vue biologique, comme un agent stimulant bénéfique pour l'organisme, puisqu'il lui permet de réagir pour assurer sa survie face à des situations pouvant le mettre en danger. Mais attention, il ne faut pas dépasser le point critique!

Si l'état de stress perdure et que l'organisme est incapable de continuer à combattre plus longtemps parce que les dépenses énergétiques nécessaires sont trop importantes, c'est à ce moment que survient la phase d'épuisement.

Au cours de cette phase, les défenses immunitaires s'affaiblissent, ce qui a pour effet de rendre l'organisme plus sensible aux agressions extérieures, par exemple un virus. À la longue, le sujet entre dans un état de tension excessive et sa soupape de sécurité explose comme un presto laissé trop longtemps sur le feu. Apparaissent alors la fatigue, la colère, voire la dépression.

Nous ne sommes pas tous stressés de la même façon

Bien qu'il existe un certain nombre de facteurs universels, il n'y a pas de causes précises et établies au stress.

Face à une même situation, plusieurs individus réagiront différemment. Il existe toutefois des facteurs aggravants: certaines périodes de la vie ou certains états psychiques, durant lesquels l'organisme est plus sujet à développer des réactions en cascade.

En d'autres termes, le stress est une réaction physique ou émotive. Lorsqu'il est modéré, il peut avoir un effet stimulant et motivant, alors que le stress excessif peut avoir des conséquences néfastes sur les relations humaines, la satisfaction personnelle, la personnalité, l'humeur, la perception et la santé.

La conduite automobile, par exemple, a des effets apaisants sur certaines personnes alors que, pour d'autres, elle a pour conséquence d'exacerber certains comportements au moindre contretemps. Pas surprenant, donc, qu'on assiste à une recrudescence du phénomène de l'agressivité au volant. En effet, quand on prend place derrière un volant avec l'intention de «se défouler», on se place dans une situation dangereuse, surtout si on a tendance à être facilement stressé.

Si je souligne ainsi le phénomène de l'agressivité au volant, c'est qu'une autre étude réalisée il y a quelques années par une grande compagnie d'assurances estime que plus de 3,5 millions de Canadiennes et de Canadiens souffrent fortement de stress. Et il y a fort à parier que bon nombre de ceux-ci conduisent un véhicule automobile...

Les grands facteurs de stress

Le tableau suivant ne doit d'ailleurs servir que d'indicateur, il donne un aperçu des événements de la vie courante ainsi que de leur «facteur de stress» chez la plupart des individus. Remarquez que cette liste ne comporte pas que des événements malheureux. Des événements joyeux peuvent aussi être générateurs de stress.

Décès d'un conjoint	100
Divorce	73
Séparation	65
Décès d'un membre de la famille	63
Peine de prison	63
Maladie ou accident grave	53
Mariage	50
Perte d'un emploi	47
Réconciliation conjugale	45
Retraite	45
Problème de santé d'un membre de la famille	44
Grossesse	40
Problèmes sexuels	39
Naissance d'un enfant	39
Changement de carrière	39
Changement financier important	38
Décès d'un ami	37
Saisie de biens	30

À ce tableau, on peut ajouter une foule d'autres facteurs de stress plus généraux ou plus spécifiques. Dans les facteurs généraux, on peut, par exemple, penser à une situation économique peu favorable, à l'imminence d'une guerre, à une suite de mauvaises nouvelles aux informations, etc.

Bien qu'il soit plus difficile de parler de facteurs spécifiques, propres à chaque individu, on peut quand même dire qu'il s'agit d'un stress important découlant d'une phobie (peur de la foule, peur de prendre l'avion, etc.) ou de peurs associées à des situations personnelles qui ne sont pas nécessairement des phobies ou qui ne sont pas diagnostiquées.

À titre d'exemple, je pense à ce collègue de bureau qui devenait très nerveux et qui grillait cigarette sur cigarette avant de faire un appel téléphonique dans le cadre de son travail. J'ai fini par savoir qu'il avait horreur du téléphone et qu'il aurait préféré écrire ou aller rencontrer son interlocuteur sur place plutôt que d'avoir à lui téléphoner.

Bien que je n'aie aucune idée de la nature ou de l'origine de son «problème» face à l'utilisation d'un appareil téléphonique, j'imaginais le stress qu'il éprouvait et je ne pouvais m'empêcher de croire qu'il aurait été beaucoup plus heureux (lire «moins stressé») dans le cadre d'un emploi n'exigeant pas ce type d'activité.

Pause réflexion...

Au gré de mes recherches et de mes lectures, j'ai trouvé toutes sortes d'informations ou de bribes d'information, parfois d'auteurs inconnus, que je vous livre en vrac en tant qu'éléments de réflexion. Elles ont toutes un lien avec la vie, la santé, le bonheur, l'optimisme et l'humour, qui sont d'ailleurs des notions interreliées.

* * *

Un des gestes les plus révolutionnaires qui puisse être fait dans notre société moderne, c'est d'être publiquement heureux.

Les pays fortement développés consomment environ 85 % de la production mondiale de médicaments pour une population qui ne représente que 15 % de l'humanité.

PATCH ADAMS

30 % des maladies dont souffrent nos contemporains sont dues... aux médicaments censés les guérir.

Il est précieux de ne plus concevoir la maladie comme un agresseur, un ennemi implacable, mais comme une occasion d'apprendre à modifier ses habitudes, à mieux écouter son corps, à comprendre les lois de la nature.

Les symptômes sont des sonnettes d'alarme, des voyants rouges qui s'allument sur le tableau de bord pour signaler un déséquilibre. Il faut alors non pas débrancher la sonnette ou enlever l'ampoule rouge, mais chercher, dans notre mode de vie, les causes du trouble, et agir à ce niveau, en douceur.

ANDRÉ LWOLF, PRIX NOBEL DE MÉDECINE

Des études sérieuses réalisées aux États-Unis démontrent que c'est au volant que la majorité des gens sont le plus susceptibles de perdre leur sang-froid.

PHILIPPE E. DANTÈS[3]

Les maladies ne sont que les conséquences de nos habitudes de vie.

HIPPOCRATE

---

[3] Philippe E. DANTÈS, *Ne soyez plus une victime*, Montréal, Éditions Quebecor, 2001.

Faites attention aux hommes qui ne rient pas, ils sont dangereux.

JULES CÉSAR

Reconnaître que les émotions créent des réactions physiologiques — et vice versa — n'est que la première partie de notre combat. La seconde est de savoir que le fondement d'une bonne santé réside dans l'amour, le rire et la confiance en soi.

Dʀ DAN DUDLEY, PSYCHIATRE

Joie et santé vont en général de pair. Rire, forme de relaxation simple et gratuite, améliore la digestion et le sommeil, accroît la résistance à la douleur, a d'heureux effets sur la frigidité et l'impuissance. C'est une des meilleures thérapies contre le stress, l'hypertension et la déprime, plaies de notre société. Rien de plus efficace pour réduire les frais de médecin.

C. BARONI (1985)

Quand l'enfant a grandi et cessé de jouer, quand l'adulte s'est, pendant des années, battu pour tenter d'arracher à la vie son secret, il arrive parfois que le rideau qui sépare le jeu et la réalité tombe.

L'homme se souvient alors du grand sérieux avec lequel, enfant, il s'adonnait au jeu. Il se prend à comparer ces occupations qu'on dit graves et ses lointaines activités infantiles: son angoisse disparaît alors. Le poids insupportable, le fardeau écrasant de la vie s'évanouit.

L'homme a acquis un sens nouveau à la saveur subtile, précieuse et rare et qui s'appelle l'humour.

SIGMUND FREUD

Dans notre société, les médicaments chimiques ont pris une énorme place. À tel point que près de 30 % à 40 % des malades qui entrent à l'hôpital n'y vont pas à cause des maladies dont ils souffrent, mais à cause des effets secondaires des médicaments qui étaient censés les guérir. C'est dire que l'excès de médicaments est devenu un problème majeur.

Pour lutter contre cette surconsommation médicale, pour lutter contre des centaines de tonnes d'anxiolytiques, de somnifères, de calmants consommés chaque année, la communauté médicale se tourne vers des moyens différents et l'on s'aperçoit que le rire joue un rôle thérapeutique important puisqu'il favorise la guérison d'une façon merveilleusement naturelle.

Dr CHRISTIAN TAL SCHALLER[4]

Quelques minutes d'un rire joyeux induisent autant de détente que celle obtenue par une demi-heure de relaxation conventionnelle.

ROLAND SCHUTZBACH

* * *

---

4 Dr Christian Tal SCHALLER, *Rire, c'est la santé*, Genève, Éditions Vivez Soleil, 1986.

Les citations qui suivent sont tirées du livre *Psycho-somatique du rire*, du Dᵣ Henry Rubinstein.

Le rire [...], un phénomène humain complet qui joue un rôle fondamental au carrefour des manifestations musculaires, respiratoires, nerveuses et psychiques de l'individu.

Sans que les médecins négligent l'ensemble de leur science et de leur pharmacopée, car la médecine est une chose sérieuse, ils peuvent disposer d'un produit qui ne se croque ni ne s'injecte, extrêmement bon marché, très efficace et parfaitement inoffensif, le rire.

[...] son rôle libérateur, son action positive contre l'anxiété et la tristesse, mais aussi simplement son rôle mécanique, relaxant et antalgique.

[...] je souhaite affirmer que nous n'avons pas besoin d'excuses pour rire, que le rire comique est ludique, que le plaisir et le ludique sont inscrits dans notre cerveau au niveau du système limbique, que la physiologie nous démontre que non seulement le principe de plaisir est nécessaire à l'équilibre de l'organisme, mais que bien souvent nos actes et nos conduites visent à stimuler nos centres du plaisir.

Le rire crée un lien social, le rire désarme, crée une complicité, une connivence.

* * *

Si vous voulez étudier un homme, ne faites pas attention à la façon dont il se tait, ou dont il parle, ou il pleure, ou même dont il est ému par les nobles idées. Regardez-le plutôt quand il rit.

Dostoïevski

Le chagrin et la joie dépendent plus de ce que nous sommes que de ce qui nous arrive.

MULTATULI

Une lecture amusante est aussi utile à la santé que l'exercice du corps.

EMMANUEL KANT

L'optimiste rit pour oublier; le pessimiste oublie de rire.

ANONYME

L'humour encore n'a rien à voir avec les grosses blagues! Développer le sens de l'humour, c'est acquérir sagesse et sérénité. C'est un état de grâce, c'est oser lancer un grand merci à la vie.

DORIS LUSSIER

Vouloir, c'est facile. Il suffit de vouloir. Mais encore faut-il le vouloir.

W. JANKELEVITCH

Chaque joie, petite ou grande, bâtit notre bonheur. Il faut donc la reconnaître quand elle est là, la retenir quand c'est possible, la rappeler quand elle nous a quittés.

Dᴿ CLAUDE SAINT-LAURENT

Comment évaluer son niveau de stress

Pour mieux évaluer les effets du stress sur vous, Jacques Lafleur, psychologue, a conçu un questionnaire pour son livre *Les quatre clés de l'équilibre*[5]. Je le reproduis ici avec l'aimable autorisation des Éditions Logiques. Il vous aidera à prendre conscience de votre niveau de stress et il vous permettra, je l'espère, de prendre les mesures qui s'imposent pour améliorer la situation.

Instructions

Sur la grille qui suit chaque affirmation, noter les symptômes de stress ressentis durant le mois précédent.

[5] Jacques LAFLEUR, *Les quatre clés de l'équilibre*, Montréal, Les Éditions Logiques, 1994.

Chaque affirmation est suivie des chiffres 0, 1, 2 et 3, correspondant aux réponses suivantes: 0, le symptôme n'a pas du tout été ressenti; 1, le symptôme a été un peu ou rarement ressenti; 2, le symptôme a été modérément ou assez souvent ressenti; 3, le symptôme a été beaucoup ou continuellement ressenti. Les énoncés en italique et précédés d'un astérisque décrivent des manifestations d'un état de stress désirable, que nous appelons équilibre. Y répondre de la même manière.

Symptômes physiques

Symptômes de tension musculaire

* *Mes muscles sont plutôt détendus.*

0   1   2   3

J'ai le visage tendu
(les mâchoires serrées, le front crispé, etc.).

0   1   2   3

J'ai des tensions dans la nuque ou dans le cou.

0   1   2   3

Je sens de la pression sur mes épaules.

0   1   2   3

Je suis crispé(e) (j'ai les poings serrés,
j'ai tendance à sursauter, etc.).

0   1   2   3

Je sens un point entre les omoplates.

0   1   2   3

J'ai des maux de tête.

0   1   2   3

J'ai des maux de dos.

0   1   2   3

J'ai des tremblements.

0   1   2   3

J'ai continuellement besoin de bouger.

0   1   2   3

J'ai de la difficulté à me détendre.

0   1   2   3

Autres symptômes physiques

Je suis en pleine santé.

0   1   2   3

Je me sens fatigué(e).

0   1   2   3

Je sens une boule dans l'estomac.

0   1   2   3

Je sens une boule dans la gorge.

0   1   2   3

Je vieillis vite.

0   1   2   3

J'ai les yeux cernés.

0   1   2   3

Je dors mal/je prends des médicaments pour dormir.

0   1   2   3

Je mange plus (ou moins) que d'habitude.

0   1   2   3

Je ressens des bouffées de chaleur ou des frissons.

0   1   2   3

J'ai des palpitations.

0   1   2   3

J'ai souvent froid aux mains ou aux pieds.

0   1   2   3

Je transpire, j'ai les mains moites.

0   1   2   3

J'ai des étourdissements ou des vertiges.

0   1   2   3

J'ai le souffle court ou de la difficulté
à respirer profondément.

0   1   2   3

Je digère mal.

0   1   2   3

J'ai des brûlures d'estomac.

0   1   2   3

J'ai de la constipation ou de la diarrhée.

0   1   2   3

J'ai des nausées.

0   1   2   3

Mon cycle menstruel est changé.

0   1   2   3

J'ai de l'hypertension artérielle
(je fais de la haute pression).

0   1   2   3

Certains de mes symptômes physiques se sont aggravés
(arthrite, hypoglycémie, cholestérol, ulcères ou autre).

0   1   2   3

Symptômes psychologiques

Symptômes émotionnels

* Je ressens de la joie.

0   1   2   3

Je m'inquiète outre mesure.

0   1   2   3

Je panique.

0   1   2   3

Je suis impatient(e).

0   1   2   3

J'ai les nerfs à fleur de peau.

0   1   2   3

Je me sens frustré(e).

0   1   2   3

Je change d'humeur pour un rien.

0   1   2   3

Je fais des colères pour des riens.

0   1   2   3

Je suis de mauvaise humeur.

0   1   2   3

Je suis triste.

0   1   2   3

Je suis déprimé(e).

0   1   2   3

Symptômes perceptuels

* *Je trouve la vie agréable.*

0   1   2   3

Je n'ai plus le sens de l'humour.

0   1   2   3

Je me sens pressé(e) ou débordé(e).

0   1   2   3

Je ne retire pas de plaisir des petites choses de la vie.

0   1   2   3

Je suis préoccupé(e).

0   1   2   3

Je vois tout comme une montagne.

0   1   2   3

Dès que je vois quelqu'un,
je crains qu'il n'ait quelque chose à me demander.

0   1   2   3

J'ai perdu confiance en moi.

0   1   2   3

Je fais des drames avec des riens.

0   1   2   3

J'ai une attitude négative, je prends tout mal.

0   1   2   3

Je pense que je ne vaux pas grand-chose
ou que je ne fais jamais rien de bon.

0   1   2   3

Symptômes motivationnels

Je suis motivé(e) pour mes projets.

0   1   2   3

Je fais passer mes tâches avant tout.

0   1   2   3

Je ne sais pas ce que je veux.

0   1   2   3

Je manque d'enthousiasme.

0   1   2   3

Je n'ai pas le goût de faire quoi que ce soit.

0   1   2   3

J'ai perdu intérêt pour beaucoup de choses.

0   1   2   3

J'ai de la difficulté à me mettre à la tâche,
je remets au lendemain.

0   1   2   3

J'ai perdu mon désir d'apprendre, de m'instruire.

0   1   2   3

Je ne veux pas de projets stimulants, de défis.

0   1   2   3

Je suis découragé(e).

0   1   2   3

Je me contente de faire ce qu'on exige de moi.

0   1   2   3

Symptômes comportementaux

J'agis le plus souvent de façon saine et appropriée.

0   1   2   3

J'ai des comportements brusques,
j'échappe tout, j'ai des gestes malhabiles.

0   1   2   3

Je fais tout vite
(manger, marcher, bouger, travailler, etc.).

0   1   2   3

Je tape du pied, des doigts, je me mords l'intérieur de la
bouche, je me ronge les ongles, je ris nerveusement, etc.

0   1   2   3

Je me préoccupe constamment de l'heure.

0   1   2   3

Je saute des repas.

0   1   2   3

Je fais de plus en plus d'efforts
pour de moins en moins de résultats.

0   1   2   3

Je fuis tout ce que je peux fuir.

0   1   2   3

Je bois davantage de café ou d'alcool ou je fume davantage.

0   1   2   3

Je prends des médicaments pour les nerfs.

0   1   2   3

Je prends de la drogue.

0   1   2   3

Symptômes intellectuels

** Je me sens en pleine possession de toutes
mes facultés intellectuelles.*

0   1   2   3

Je passe beaucoup de temps en divertissements faciles
(télé, potins, jeux faciles, etc.).

0   1   2   3

J'ai un tourbillon d'idées dans la tête.

0   1   2   3

J'ai les idées confuses.

0   1   2   3

J'ai des idées fixes.

0   1   2   3

Je rumine les mêmes choses,
je tourne en rond, sans déboucher.

0   1   2   3

J'ai de la difficulté à me concentrer.

0   1   2   3

J'ai des troubles de mémoire.

0   1   2   3

Je ne produis rien, intellectuellement.

0   1   2   3

Je trouve que tout est trop compliqué.

0   1   2   3

J'ai la tête vide.

0   1   2   3

Symptômes relationnels

*Je me sens bien avec les autres
et je me sens bien seul(e).*

0   1   2   3

J'ai peur de rencontrer de nouvelles personnes.

0   1   2   3

Je suis intolérant(e).

0   1   2   3

J'ai beaucoup de ressentiment.

0   1   2   3

J'éprouve constamment de l'agressivité.

0   1   2   3

J'ai de la difficulté à être aimable.

0   1   2   3

J'ai moins le goût d'écouter les autres.

0   1   2   3

Je fuis les relations intimes.

0   1   2   3

Je suis distrait(e) quand je suis en compagnie
d'autres personnes.

0   1   2   3

Mon désir sexuel a changé.

0   1   2   3

Je m'isole.

0   1   2   3

Symptômes existentiels

Je trouve que la vie est belle.

0   1   2   3

Je me sens inutile.

0   1   2   3

Je ne sais plus à quelles valeurs me raccrocher.

0   1   2   3

Ma vie spirituelle a changé.

0   1   2   3

J'ai l'impression que quelque chose en moi est brisé.

0   1   2   3

J'ai l'impression de ne plus me reconnaître.

0   1   2   3

Je suis au bout de mon rouleau.

0   1   2   3

J'ai un sentiment de vide.

0   1   2   3

Je pense que la vie n'a pas de sens.

0   1   2   3

Je suis désespéré(e).

0   1   2   3

J'ai des idées suicidaires.

0   1   2   3

Comment interpréter les résultats

Ce questionnaire aide à prendre conscience de l'ensemble des manifestations de notre tension actuelle. Selon leur nombre, leur nature et leur intensité, nos symptômes nous montrent que nous sommes en équilibre (par exemple, la vie est belle, je me sens bien avec les autres, etc.) ou en déséquilibre (par exemple, je suis découragé(e), je ressens de la fatigue, etc.).

Selon notre état, nous ressentirons plus ou moins de symptômes de stress, de façon plus ou moins intense (quelques oublis sont moins graves qu'une perte de mémoire), qui révéleront un déséquilibre plus ou moins grand (avoir des idées suicidaires est plus grave que de regarder souvent l'heure).

Observer est une première étape. Quand nous connaissons davantage notre niveau de stress, nous pouvons travailler à améliorer la situation.

1. La nature des symptômes

Des 2 ou des 3 révèlent un niveau de stress élevé pour l'un ou l'autre des symptômes suivants: je vieillis vite, je panique, j'ai les nerfs à fleur de peau, je suis déprimé(e), je m'isole, j'ai perdu le désir d'apprendre, je fuis tout ce que je peux fuir, j'ai un sentiment de vide, je n'ai plus le goût de rien faire, je fais de plus en plus d'efforts pour de moins en moins de résultats, je ne me reconnais plus, j'ai l'impression que quelque chose en moi est brisé, je suis désespéré(e), je suis au bout de mon rouleau ou j'ai des idées suicidaires. Il serait bon dans ce cas d'aller chercher de l'aide professionnelle.

Des 1 signifient que des changements s'imposeront bientôt, pour éviter que notre état s'aggrave.

2. L'intensité des symptômes

Des 2 ou des 3 dans au moins cinq des huit catégories révèlent un niveau de stress trop élevé: des changements s'imposent.

3. Le nombre de symptômes

Il n'y a pas de nombre de symptômes absolu indiquant que tout va bien ou non. Cela dit, si nous ressentons plus d'une quinzaine de symptômes, modérément ou beaucoup, faire baisser notre tension est souhaitable. À quarante symptômes ou plus, nous pouvons difficilement nous cacher que ça va mal.

4. Les indices d'équilibre

Les énoncés en italique et précédés d'un astérisque révèlent un état d'équilibre et sont aussi importants que les autres. Ainsi, si nous trouvons la vie belle, si nous avons des projets et de l'énergie, si nous nous sentons bien, seuls et avec les autres, nous sommes probablement près de l'équilibre, malgré des maux de tête occasionnels et de la difficulté à nous concentrer.

Reprendre régulièrement le questionnaire

Nos réponses nous indiquent notre état de tension actuel. Dans quelques mois, selon les changements que nous aurons mis de l'avant et les nouveaux événements qui auront marqué notre vie, cet état pourra avoir changé. C'est pourquoi il est utile de noter la date à laquelle nous avons rempli le questionnaire, de conserver nos résultats et d'y répondre de nouveau dans quelques mois, puis périodiquement, pour voir toute progression négative ou positive.

Comment combattre le stress

Maintenant que vous savez un peu mieux ce qu'est le stress et l'influence néfaste qu'il peut avoir sur votre santé, voyons comment nous pouvons en minimiser les effets, à défaut de nous en débarrasser complètement.

Que ce soit en librairie ou dans Internet, on trouve une multitude de recettes pour combattre le stress. On se penche de plus en plus sur le phénomène du stress en milieu de travail, et même le site Web du Barreau s'intéresse au phénomène et fait des suggestions à ses membres.

La plupart des suggestions prennent la forme de «trucs pour combattre le stress». Certaines mettent l'accent sur la relaxation, alors que d'autres prônent le yoga ou la méditation. On présente des méthodes de gestion du temps, on parle de saine alimentation ou on encourage les gens à faire de l'exercice. Tous ces moyens ont leurs mérites, bien sûr, mais chacun demande une certaine forme d'investissement en temps ou des efforts que beaucoup d'entre nous ne sont pas prêts à faire.

Quelle que soit la méthode proposée, on constate toutefois que le rire et la bonne humeur en constituent presque toujours une des composantes essentielles. C'est sur quoi nous allons nous attarder. Rire est agréable, ne demande pas trop d'effort et peut se faire de diverses manières, sans même que nous ayons à sortir de la maison.

Même si la notion est relativement nouvelle, on ne peut s'en surprendre si on y réfléchit bien. En effet, le rire est naturel. Il fait partie de chacun de nous. À preuve, l'enfant découvre le rire lorsqu'il est âgé d'à peine quelques mois, soit bien avant d'être capable de parler.

Voici un certain nombre de conseils pour gérer le stress; ils proviennent de listes de trucs que j'ai trouvés à gauche et à droite et dont j'ai fait un condensé. Pour votre gouverne, sachez que le Hope Heart Institute, de Seattle, aux États-Unis, formule pas moins de soixante-neuf recommandations!

Trente-deux trucs pour gérer votre stress

1. Décelez vos symptômes de stress.

2. Examinez votre mode de vie et déterminez ce que vous pourriez y changer: vie professionnelle, vie familiale, horaire...

3. Utilisez des techniques de relaxation comme le yoga, la méditation, les exercices de respiration ou les massages.

4. Faites de l'exercice! L'exercice est un des meilleurs remèdes qui soient contre le stress.

5. Apprenez à gérer votre temps. Exécutez les tâches essentielles et classez les autres par ordre de priorité en tenant compte des personnes que vos décisions pourraient affecter.

6. Surveillez votre alimentation. Un régime équilibré vous maintiendra en bonne santé alors que l'alcool, le tabac, la caféine et le sucre diminuent votre capacité à faire face au stress.

7. Dormez suffisamment.

8. Discutez avec les autres de ce qui vous tracasse. Au besoin, faites appel aux services d'un professionnel.

9. Aidez les autres.

10. Sachez dire non. Ne vous sentez pas obligé de dire oui à toutes les invitations ou occasions qui se présentent.

11. Gardez-vous du temps à vous pour exercer vos activités favorites: musique, cinéma, lecture, hobby.

12. Si vous avez un tempérament colérique, essayez de changer.

13. Évitez les disputes. Apprenez à céder.

14. Faites vos courses en dehors des heures de pointe ou d'affluence.

15. Accomplissez une seule chose à la fois.

16. Quand vous planifiez un rendez-vous, accordez-vous toujours quinze minutes de plus; vous aurez plus de temps pour vous préparer et vous ne serez pas obligé de courir.

17. Ne sautez aucun repas. Accordez-vous du temps pour bien manger en ne faisant pas deux choses à la fois. Évitez la restauration rapide!

18. N'essayez pas d'être parfait.

19. Ne soyez pas trop critique envers les autres.

20. N'oubliez jamais que vous n'êtes pas responsable de l'humeur et des sentiments d'autrui.

21. Ne soyez pas trop compétitif.

22. Allez vers les autres; n'hésitez pas à vous montrer amical.

23. Entourez-vous d'amis optimistes et qui aiment à rire.

24. Évitez la compagnie de personnes pessimistes ou qui vous minent le moral.

25. Vous vous préparez à prendre un bon bain chaud pour vous détendre ou encore vous voulez regarder un film (drôle?)? Décrochez le téléphone pour ne pas être dérangé.

26. Prenez le temps de vivre les moments heureux de la vie et profitez-en au maximum.

27. Revoyez des moments heureux de votre vie.

28. En voiture, essayez de toujours écouter de la musique qui vous plaît et qui vous calme.

29. Lorsque de petites choses quotidiennes vous tombent sur les nerfs, essayez de leur trouver une solution permanente de façon à ne pas avoir à revivre la même frustration le lendemain.

30. Apprenez à vous défouler. Frappez des ballons, des balles de tennis ou de golf; mettez un oreiller devant votre bouche et criez le plus fort possible.

31. Avant de vous endormir, prenez quelques minutes pour vous conditionner à faire du lendemain une journée calme et sans stress.

32. Amusez-vous! Riez et recherchez la compagnie de personnes optimistes et de commerce agréable.

L'exercice physique constitue une excellente façon de combattre le stress.

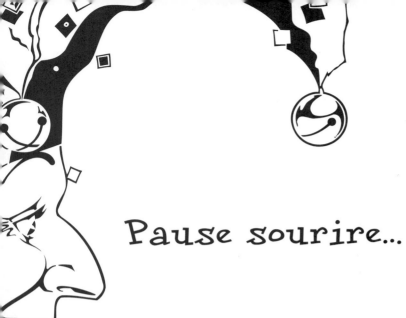

Pause sourire...

Les citations qui suivent font à la fois sourire et réflé-
chir. Elles ont toutes un lien avec ce que l'on appelle «la
recherche du bonheur». Et lorsqu'on est heureux, il est
tellement plus facile de sourire et de rire... L'inverse est
aussi vrai: plus on rit et sourit, plus on augmente ses
chances d'accueillir le bonheur en soi.

Certains hommes parlent pendant leur sommeil.
Les conférenciers parlent pendant le sommeil des
autres.

ALBERT CAMUS

La bêtise humaine est la seule chose qui donne une
idée de l'infini.

ERNEST RENAN

La meilleure façon de ne pas avancer est de suivre une idée fixe.

JACQUES PRÉVERT

Le bonheur est une denrée merveilleuse: plus on en donne, plus on en a.

SUZANNE CURCHOD

Les fonctionnaires sont comme les livres d'une bibliothèque: les plus haut placés sont ceux qui servent le moins.

ALPHONSE KARR

Le bonheur est toujours à la portée de celui qui sait le goûter.

FRANÇOIS DE LA ROCHEFOUCAULD

La vie est comme un arc-en-ciel: il faut de la pluie et du soleil pour en voir les couleurs.

ANONYME

Un sourire ne coûte rien, mais il rapporte beaucoup; il enrichit celui qui le reçoit sans appauvrir celui qui le donne.

FRANK IRVING FLETCHER

Sème du bonheur dans le champ du voisin, tu seras surpris de constater ce que le vent fera produire au tien.

JULIETTE SAINT-GELAIS

Une lecture amusante est aussi utile à la santé que l'exercice du corps.

EMMANUEL KANT

Carpe diem... *Cueille le jour...*

Tandis que nous parlons, le temps jaloux aura fui; cueille le jour, sans te fier le moins du monde au lendemain.

HORACE

Enseigner, c'est apprendre deux fois.

JOSEPH JOUBERT

En bornant ses désirs, on borne ses besoins; Le plus riche est celui qui désire le moins.

J. SAINTINE

Bienheureux celui qui a appris à rire de lui-même: il n'a pas fini de s'amuser!

JOSEPH FOLLIET

L'antipathie analyse mieux, mais la sympathie seule comprend.

ANDRÉ SIEGFRIED

Le véritable mélomane est l'homme qui, entendant une femme chanter dans sa salle de bain, s'approche du trou de la serrure et y colle... l'oreille.

FRANCIS BLANCHE

Une fois rien... c'est rien.

Deux fois rien... ce n'est pas beaucoup...

Mais trois fois rien!...

Pour trois fois rien, on peut déjà s'acheter quelque chose!

RAYMOND DEVOS

Le plus court chemin d'une personne à une autre... c'est un brin de gentillesse.

ANONYME

La vie ne cesse pas d'être drôle parce que des gens meurent et elle ne cesse pas d'être sérieuse parce que des gens rient.

GEORGE BERNARD SHAW

Dans toute tâche à accomplir, il y a toujours un élément de plaisir. Trouvez-le et le travail devient un jeu.

MARY POPPINS

Vous devez laisser le petit animal qui sommeille en vous aimer ce qu'il aime.

MARY OLIVER

Le bonheur est de connaître ses limites et de les aimer.

ROMAIN ROLLAND

Les gens ne connaissent pas leur bonheur, mais celui des autres ne leur échappe jamais.

PIERRE DANINOS

Le bonheur ne consiste pas à acquérir et à jouir, mais à ne rien désirer, car il consiste à être libre.

ÉPICTÈTE

Nous cherchons tous le bonheur, mais sans savoir où, comme des ivrognes qui cherchent leur maison, sachant confusément qu'ils en ont une.

VOLTAIRE

L'humour est une façon de se tirer d'embarras sans se tirer d'affaire.

LOUIS SCUTENAIRE

Une vie ne vaut rien, mais rien ne vaut une vie.

ANDRÉ MALRAUX

La vie devient une chose délicieuse dès qu'on décide de ne plus la prendre au sérieux.

HENRY DE MONTHERLANT

Un sens du comique assez vif pour nous permettre de découvrir nos propres absurdités, aussi bien que celles des autres, peut nous empêcher de commettre tous les péchés, ou presque tous, à l'exception de ceux qui valent la peine d'être commis.

SAMUEL BUTLER

L'art du clown va bien au-delà de ce qu'on pense. Il n'est ni tragique ni comique. Il est le miroir comique de la tragédie et le miroir tragique de la comédie.

ANDRÉ SUARÈS

Rien ne ressemble plus à quelque chose que sa caricature.

GASTON BOUTHOUL

Un chef, c'est un mec avec une mentalité d'employé, mais qui ne veut plus rien foutre.

COLUCHE

Le ridicule est comme la mauvaise haleine: on ne le remarque que chez le voisin.

MALCOLM DE CHAZAL

Le café est une boisson qui fait dormir quand on n'en prend pas.

ALPHONSE ALLAIS

Il ne faut pas désespérer des imbéciles. Avec un peu d'entraînement, on peut arriver à en faire des militaires.

PIERRE DESPROGES

Le rire, c'est comme les essuie-glaces; il permet d'avancer même s'il n'arrête pas la pluie!

GÉRARD JUGNOT

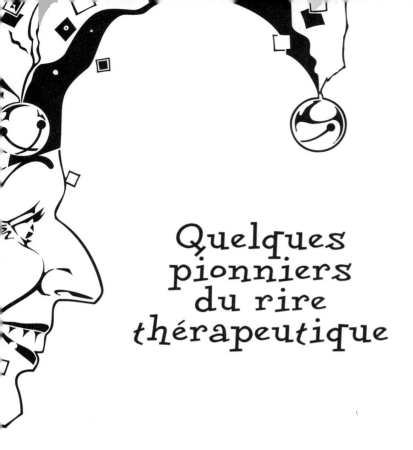

Quelques pionniers du rire thérapeutique

Est-ce que des noms comme Patch Hunter Adams, Norman Cousins et Madan Kataria vous disent quelque chose? Non? Alors, laissez-moi vous les présenter. Ces personnes ont en quelque sorte marqué l'histoire récente du rire utilisé à des fins thérapeutiques.

Patch Adams

À tout seigneur tout honneur, le nom de Patch Adams devrait susciter en vous quelque souvenir, ne serait-ce qu'en raison du film du même nom, mettant en vedette

Robin Williams dans le rôle-titre. Peut-être avez-vous vu le film sans savoir qu'il était basé sur la vie d'un personnage hors de l'ordinaire et bien vivant!

Hunter «Patch» Adams a été interné dans une institution mentale pendant son adolescence, à la suite d'une sévère dépression qui l'avait rendu suicidaire. C'est là, en côtoyant des personnes avec des problèmes pires que les siens, qu'est né son désir d'écouter les autres et de leur venir en aide.

À la fin des années 1960 et au début des années 1970, alors qu'il était étudiant en médecine au Medical College of Virginia, il a souvent été critiqué pour son «excessive joie de vivre». Le directeur de sa faculté lui a d'ailleurs dit un jour: «Si vous voulez faire le clown, allez donc vous inscrire dans une école de cirque!» En fait, Patch rêvait de devenir un clown, mais il voulait tout de même devenir médecin.

Aussitôt qu'il a obtenu son diplôme, il a fondé le Gesundheit[6] Institute, une clinique médicale mettant de l'avant une approche différente et peu orthodoxe de la médecine, basée sur la gratuité, l'humanisation des soins et l'humour. Petit à petit, les médias se sont intéressés à cette clinique pas comme les autres et Patch a commencé à connaître une certaine notoriété.

En effet, que dire d'un médecin qui se promène dans les couloirs de sa clinique vêtu en clown ou en gorille, soignant des enfants dans des pièces remplies de ballons multicolores?

---

[6] *Gesundheit* est un mot allemand qui se traduit par «À votre santé!».

En 1993, il publiait son autobiographie pour expliquer son approche de la médecine. Il y explique qu'aucun médicament ne peut soigner la solitude, l'ennui et la peur. Selon lui, les médecins doivent faire preuve de compassion et d'empathie, en plus de s'impliquer personnellement avec leurs patients. C'est à partir de ce livre que fut réalisé le film *Patch Adams*. Personnellement, je crois que tous les médecins devraient être obligés de revoir ce film au moins une fois par année pour redécouvrir le sens de la relation d'aide.

Au Gesundheit Institute, haute en couleur comme on peut s'en douter, les patients ne rencontrent pas seulement un médecin, mais aussi un ami. Au début des années 1970, cette approche était jugée radicale. Maintenant que l'on sait que le rire favorise la guérison, de nombreux hôpitaux partout dans le monde se sont dotés d'endroits où les patients peuvent se divertir ou de bibliothèques pleines de jeux et de livres drôles maintenant que l'on sait que le rire favorise la guérison.

Norman Cousins

En 1978, alors que de nombreuses recherches sur le stress sont effectuées, Norman Cousins publie un livre qui devient rapidement un best-seller et qui attire l'attention du monde médical. Dans *La volonté de guérir*, Cousins relate comment il s'est guéri de la spondylarthrite ankylosante, une grave affection inflammatoire chronique de la colonne vertébrale, extrêmement douloureuse, et qui allait lui faire perdre graduellement l'usage de ses membres.

Les médecins lui donnaient très peu de chances d'en guérir. Mais un jour, après avoir vu une comédie des Marx Brothers qui l'avait particulièrement fait rire, il se rendit compte que ses souffrances étaient moindres et que son sommeil était meilleur. Il décida alors de pousser l'expérience plus loin. Avec le consentement de son médecin traitant, il prit congé de l'hôpital, s'installa dans une chambre d'hôtel moins austère et se soigna à coups de doses massives de vitamine C et... de films comiques. En peu de temps, il se rétablit complètement.

En raison de la notoriété que lui valut son livre, il fut amené à participer personnellement à de nombreuses expériences cliniques sur le rire et ses effets. Au cours d'une de celles-ci, des analyses de sang prélevé sur des sujets pendant qu'ils regardaient des films comiques ont démontré une réduction notable des hormones du stress.

Toute sa vie, Cousins a souffert de problèmes cardiaques. Après un grave infarctus, il s'est lui-même remis sur pied, toujours avec la même thérapie basée sur le rire.

Madan Kataria

Né en 1955, le Dr Madan Kataria, aussi connu sous le nom de «gourou rieur», a élaboré une technique d'accession au bien-être inspirée du yoga et fondée sur le rire. Ancien interne en cardiologie, il est l'auteur du livre *Rire sans raison* et a créé un premier Club de rire à Bombay, en Inde, en 1995.

Sans en être conscient, le Dr Kataria donnait naissance à un mouvement qui allait prendre une ampleur planétaire. On compte aujourd'hui plus de 1 300 clubs de ce genre partout dans le monde, principalement en Inde, mais aussi aux États-Unis, au Canada, en Australie, à Singapour, en Norvège, en Suisse, en Angleterre, en Allemagne, au Danemark, en Malaisie et en France.

De plus, depuis 1998, le 5 mai est reconnu en Inde et en Amérique comme la Journée internationale du rire. En 1998, pour célébrer la première Journée, le Dr Kataria a réussi le tour de force de rassembler plus de 12 000 personnes dans un stade de Bombay pour les faire rire.

Maintenant, il est régulièrement invité à donner des conférences et des formations partout dans le monde, preuve que le rire ne connaît pas de frontières et qu'il constitue un langage universel.

Le yoga hasya (rieur) repose sur tout un catalogue d'expressions et de sons comiques ayant pour effet de stimuler le rire, le principe directeur étant que si l'humour ne réussit pas toujours à produire l'expulsion d'air et les contractions musculaires qui constituent le rire, le rire forcé fonctionne toujours parce qu'il transcende la pensée. La position la plus célèbre du yoga hasya, le «rire lion» (les yeux exorbités, la voix rugissante et les mains qui semblent donner des coups de griffes), réussit, semble-t-il, à faire rire les plus blasés.

Quelques mouvements simples accompagnent chaque séance de rire et permettent de faire travailler quelques muscles supplémentaires. Le rire, grâce à la respiration saccadée qu'il provoque, fait travailler le diaphragme, ce qui permet de masser en douceur l'estomac et les intestins, en plus d'activer la circulation sanguine et de fortifier le cœur. Finalement, le corps sécrète des endorphines qui apportent un effet apaisant.

Une séance de rire a l'effet d'un jogging interne et s'avère très revitalisante, particulièrement si l'on se prête à plusieurs séances. L'hyperoxygénation provoquée par une telle séance peut être contre-indiquée pour les personnes asthmatiques ou ayant un problème cardiaque. On incite aussi les femmes enceintes à consulter leur médecin avant de participer à une séance de rire.

Qu'est-ce qui fait rire?

Selon Robert Provine, professeur de psychologie à l'université du Maryland, qui a publié de nombreux livres sur le sujet, le premier rire a été entendu il y a six millions d'années quand les premiers hominidés ont commencé à se tenir debout. À son avis, la position debout permet un plus grand contrôle respiratoire et libère les poumons et le larynx pour faciliter le rire. La découverte du rire serait donc au moins aussi importante que la découverte du feu dans le développement de l'humanité.

Dans le film *La Guerre du feu*, une scène nous montre que l'homme est vraiment devenu homme le jour où il a découvert le rire. Celui-ci est rapidement devenu communicatif et a marqué un moment décisif dans le processus de socialisation.

Certes, nous avons beaucoup évolué depuis la préhistoire, mais les centres de cette émotion n'ont pas changé. Ce qui a changé, c'est le développement du cortex supérieur qui, en plaçant le rire sous le contrôle de la raison et de l'intelligence, «a contribué à endiguer ce grand rire de joie venu du fond des âges.[7]»

Bien qu'il soit sain et naturel, le rire n'a pas toujours eu la vie facile. À travers les siècles, des penseurs et des philosophes se sont évertués à faire croire aux gens que le rire était une vertu primitive, indigne de l'élévation d'esprit propre aux classes supérieures et aux lettrés. Saint Jean Chrysostome affirmait que si le rire n'était pas un péché en soi, la plaisanterie conduisait au péché. Pendant des siècles, la religion catholique (comme la plupart des autres religions, d'ailleurs) a réprimé le rire en même temps qu'elle a condamné la recherche du plaisir. On forçait les croyants à adopter une «face de carême», seule attitude jugée digne d'un bon chrétien.

Heureusement, les enfants en bas âge, beaucoup plus près de leurs émotions et pas encore conditionnés par une société qui a tendance à réprimer le rire et la dissipation, sont à l'abri de toute forme de censure ou de répression du rire; c'est en bonne partie grâce à eux qu'on peut en comprendre les mécanismes.

Le comique ou les mécanismes du rire

Le philosophe Aristote définissait ainsi le comique : «Est comique quelque laideur ou défaut qui n'est ni pénible ni destructif.» Si l'on fait rire un bébé et qu'on fait suivre ce rire d'une horrible grimace, il continuera de rire parce qu'on l'aura préalablement mis dans un état d'humeur de jeu. Mais si on l'aborde avec une grimace, il y a de

---

[7] Robert PROVINE, *Laughter: A Scientific Investigation*, Viking Press, New York, 2000.

fortes chances qu'il hurlera de peur, car il ne sera pas dans une humeur de jeu.

Beaucoup plus tard, Kant faisait une affirmation complémentaire à celle d'Aristote : «Le comique naît d'une attente tendue qui aboutit brusquement à rien.» Montrez un objet coloré à un enfant et il tendra naturellement la main vers celui-ci. Enlevez rapidement l'objet de son champ de vision et il y a de fortes chances qu'il se mette à rire en découvrant que quelque chose qui devait être là n'y est plus.

Une multitude de personnes, de choses ou de situations sont susceptibles de provoquer le rire naturel et spontané: un clown, un mime, un monologuiste, une blague, un jeu de mots, un texte, une imitation, un dessin, une caricature, un lapsus, une erreur, une chute inattendue, un acte manqué, un quiproquo, une grimace, quelqu'un qui glisse sur une pelure de banane, etc.

On voit donc que ce qui provoque le rire, c'est un accroc à l'ordre naturel des choses en ce qui a trait au comportement humain ou parfois animal (en ce qu'il ressemble à l'homme). Par contre, la nature, de façon générale, ne fait pas rire. Aucun paysage, aucun accident de terrain, aucun objet naturel et inanimé ne provoque le rire. Ce qui le provoque, c'est lorsque nous nous reconnaissons dans tel ou tel animal, comme si celui-ci était une caricature d'humain. Ne dit-on pas de quelqu'un qu'il est «drôle comme un singe»?

Le comique de la caricature

Comme le dit Bergson dans *Le rire*: «On comprendra alors le comique de la caricature. Si régulière que soit une physionomie, si harmonieuse qu'on en suppose les lignes, si souples les mouvements, jamais l'équilibre n'en est absolument parfait. On y démêlera toujours l'indication d'un pli qui s'annonce, l'esquisse d'une grimace possible, enfin une déformation préférée où se contournerait plutôt la nature. L'art du caricaturiste est de saisir ce mouvement parfois imperceptible, et de le rendre visible à tous les yeux en l'agrandissant.

Autocaricature.

«Il fait grimacer ses modèles comme ils grimaceraient eux-mêmes s'ils allaient jusqu'au bout de leur grimace. Il devine, sous les harmonies superficielles de la forme, les révoltes profondes de la matière. Il réalise des disproportions et des déformations qui ont dû exister dans la nature à l'état de velléité, mais qui n'ont pu aboutir, refoulées par une force meilleure.

«Son art, qui a quelque chose de diabolique, relève le démon qu'avait terrassé l'ange. Sans doute c'est un art qui exagère et, pourtant, on le définit très mal quand on lui assigne pour but une exagération, car il y a des caricatures plus ressemblantes que des portraits, des caricatures où l'exagération est à peine sensible, et inversement on peut exagérer à outrance sans obtenir un véritable effet de caricature.

«Pour que l'exagération soit comique, il faut qu'elle n'apparaisse pas comme le but, mais comme un simple moyen dont le dessinateur se sert pour rendre manifestes à nos yeux les contorsions qu'il voit se préparer dans la nature. C'est cette contorsion qui importe, c'est elle qui intéresse. Et voilà pourquoi on ira la chercher jusque dans les éléments de la physionomie qui sont incapables de mouvement, dans la courbure d'un nez et même dans la forme d'une oreille. C'est que la forme est pour nous le dessin d'un mouvement.

«Le caricaturiste qui altère la dimension d'un nez, mais qui en respecte la formule, qui l'allonge par exemple dans le sens même où l'allongeait déjà la nature, fait véritablement grimacer ce nez: désormais l'original nous paraîtra, lui aussi, avoir voulu s'allonger et faire la grimace. En ce sens, on pourrait dire que la nature obtient souvent elle-même des succès de caricaturiste.

«Dans le mouvement par lequel elle a fendu cette bouche, rétréci ce menton, gonflé cette joue, il semble qu'elle ait réussi à aller jusqu'au bout de sa grimace, trompant la surveillance modératrice d'une force plus raisonnable. Nous rions alors d'un visage qui est à lui-même, pour ainsi dire, sa propre caricature.»

Les blagues

C'est toujours la même structure cérébrale qui réagit si une blague nous fait sourire, mais, en fonction de la blague racontée, ce seront différentes régions cérébrales qui l'analyseront.

Vinod Goel et Raymond Dolan ont raconté deux types de blagues à leurs sujets: sémantiques ou phonétiques. Les premières s'appuient sur une interprétation volontairement erronée. En voici un exemple.

Que se disent deux fonctionnaires qui se croisent dans un corridor au bureau?

Ah, toi aussi tu souffres d'insomnie!

Les blagues phonétiques, elles, sont des calembours et jouent sur le son des mots.

Pourquoi doit-on enterrer les avocats très profondément?

Parce qu'au fond, ils ne sont pas si mauvais que ça.

C'est surtout l'hémisphère gauche des sujets – grand responsable du langage – qui réagit quand ils entendent une plaisanterie. Mais, comme l'ont montré les chercheurs avec l'imagerie par résonance magnétique, les blagues sémantiques activent surtout l'aire de Wernicke, une partie du lobe temporal liée à la compréhension du langage, tandis que les blagues phonétiques font davantage appel à une région cérébrale impliquée dans le traitement des sons.

Un des «centres du plaisir» du cerveau se trouverait dans le cortex préfrontal. Si le sujet trouve que la blague est drôle, notent en outre les cognitivistes dans le dernier numéro de *Nature Neuroscience*, ces différences s'estompent: toutes les bonnes histoires, en effet, activent le cortex préfrontal médian, une région qui, coincée entre les deux hémisphères, est associée à la récompense. Les neuropsychologues connaissent bien cette région, pour avoir observé des rats qui troquaient leur nourriture contre une stimulation de ce «centre de plaisir».

Les blagues auraient donc un aspect analytique ou cognitif et un autre, plus affectif. Par contre, ça ne nous aide pas à comprendre pourquoi on rit des fonctionnaires!

Le bon et le mauvais rire

Une foule d'autres choses sont susceptibles de déclencher le rire, mais tous les rires n'ont pas la même valeur. En effet, il serait fort difficile de croire aux vertus thérapeutiques d'un rire qui fait des victimes. Par exemple,

«Il ne faut jamais rire du malheur des autres!» dit un dicton.

Quand nous étions enfants, nous avons tous, un jour ou l'autre, seuls ou avec d'autres, ri de quelqu'un à cause d'une mésaventure ou de quelque handicap physique ou verbal. Dans un premier temps, il pouvait s'agir d'un réflexe relativement normal puisque le rire était provoqué par un «accroc» à ce que nous connaissions de l'univers qui nous entourait.

Si quelqu'un avait le malheur de souffrir d'un défaut de prononciation, par exemple, ou d'un handicap physique, cela nous faisait rire et, souvent, les plus cruels d'entre nous allaient même jusqu'à faire de cette personne leur souffre-douleur, n'hésitant pas à imiter le défaut observé chez l'autre. Ce rire provenait d'un réflexe devant une «différence» que nous n'étions pas en mesure de comprendre.

Parfois, les parents ou les professeurs réglaient le problème par la peur: «Ne fais pas cela, le bon Dieu va te punir et tu vas rester comme cela toi aussi.» À défaut de faire comprendre, la peur réussissait souvent à calmer les ardeurs de l'imitateur. Puis, nous avons fini par accepter que l'on ne doit pas rire de certaines «erreurs» de la nature.

Il en va de même pour le gag de la pelure de banane, un classique s'il en est un. Bien sûr, il y a toujours un côté drôle à voir quelqu'un marcher d'un bon pas et glisser sur une pelure de banane, puis s'étaler par terre de tout son long. Par contre, si on se rend compte que la personne s'est blessée en tombant, le rire s'arrête tout de suite. On veut bien rire lorsque des accrocs se produisent dans le fil d'événements d'apparence anodins, mais pas si quelqu'un se blesse.

De la même manière, il faut se demander si des blagues ne sont pas en mesure de causer des blessures intérieures, moins apparentes celles-là. Quoi qu'il en soit, on devrait toujours se poser la question suivante: «Quand je ris d'une personne, est-ce que je risque de la blesser?» Si la réponse est oui, ce n'est plus drôle et le rire qui en résulte n'a plus rien d'exutoire ou de libérateur puisqu'il sert à opprimer quelqu'un d'autre.

Il ne faut pas non plus oublier que le sens de l'humour n'est pas attribué à tout le monde de façon équitable.

La rectitude politique

Parmi les termes associés au rire, on peut relever des mots ou des expressions comme «rire de», «ridiculiser», «se moquer de», etc. Dans ces cas, les termes sous-entendent que le rire a une cible bien précise ou une victime. Dans un monde où de plus en plus la rectitude politique est de mise, toute blague dirigée à l'encontre des femmes, des Juifs, des Noirs, des homosexuels, des infirmes (pardon — des personnes handicapées), des *Newfies*, des blondes, des Indiens (pardon — des autochtones), des curés ou des pandas géants de Chine sont maintenant jugées inacceptables. Heureusement qu'il nous reste le sexe, les fonctionnaires et les politiciens!

Personnellement, j'ai horreur de tout ce qui est «politiquement correct», dans la mesure où cela constitue une tentative d'imposition de comportements. Une blague est drôle ou ne l'est pas, quelle qu'en soit la cible. Un bon jeu de mots est un bon jeu de mots, et si ça chatouille l'esprit au point de faire sourire ou rire, tant mieux! Bien sûr, je suis ce que je suis et je ne ferai jamais exprès pour blesser quelqu'un en racontant une blague. Des Juifs qui aiment rire des Juifs, ça existe, et les blagues les plus féroces que j'aie jamais entendues sur les blondes m'ont été racontées par... des blondes.

Pour ce qui est du sens de l'humour du panda géant, je ne saurais pas en parler puisque je n'en connais aucun personnellement. Mais je me suis laissé dire entre les bambous qu'ils n'hésitaient pas à casser du sucre sur le dos des ours bruns d'Alaska...

C'est la même chose pour les humoristes. Quelqu'un comme Raymond Devos se fait un point d'honneur de ne jamais ridiculiser personne dans ses *sketchs*, tandis que de nombreux humoristes basent toute leur carrière sur ce qui ressemble à s'y méprendre à de la méchanceté gratuite.

Alors, que faire avec l'humour qui ne respecte pas la rectitude politique? Doit-on rire? Doit-on se contracter, s'indigner ou se scandaliser, ou encore s'enfouir la tête dans le sable? Doit-on vouer le coupable aux gémonies, le clouer au pilori?

Moi, j'ai pris le parti d'en rire quand même. Au moment où j'entends ou lis une blague, mon esprit la prend comme telle et n'exerce pas de censure. Je ne suis pas un grand raconteur de blagues car je les oublie presque aussi rapidement que je les entends, mais la censure, s'il y en a une, se fera au moment de la répéter à quelqu'un d'autre. J'essaierai à ce moment de ménager les susceptibilités et de voir dans quelle mesure mon auditoire a suffisamment le sens de l'humour pour l'entendre.

C'est un cas de conscience et il revient à chacun de décider pour soi-même. Je ne baserai pas mon choix d'assister ou non au spectacle d'un humoriste spécifiquement parce qu'il est méchant, mais parce qu'il me fait rire ou pas.

Pause sourire...

Puisqu'il est question de blagues, en voici quelques-unes. Elles sont pour la plupart tirées du *Dictionnaire des histoires drôles*[8], d'Hervé Nègre, aussi connu sous le nom de *La Bible du rire*. J'aimerais vous dire que je les ai pigées au hasard, mais ce n'est pas le cas. J'ai évité celles qui sont trop méchantes.

À ce sujet, si jamais vous avez l'occasion de mettre la main sur cet ouvrage, je vous conseille fortement d'en lire l'avant-propos. L'auteur y fait d'intéressantes observations sur les blagues et le rire, incluant toutes les blagues à connotations raciste, sexiste et autres.

***

---

[8] Hervé NÈGRE, *Dictionnaire des histoires drôles*, Paris, Collection J'ai lu, 1973.

— J'ai une si bonne mémoire, dit un vieux à un autre, que je me souviens des seins de ma mère à l'heure de la tétée.

— Moi, répond l'autre, c'est encore mieux. Je me souviens d'un pique-nique à la campagne par un bel après-midi du mois de juillet. Je suis parti avec mon père et je suis revenu avec ma mère!

Un biologiste s'amuse à faire des expériences amusantes en croisant des animaux qui ne sont pas de la même espèce. C'est ainsi qu'il a croisé un mille-pattes et un porc-épic. Il en est né deux mètres de fil barbelé.

Des centaines de bombes atomiques ont décimé la terre. Il n'en reste pratiquement plus rien ni personne. Un singe regarde sa guenon tristement:

— Alors, on recommence tout à partir du début, ou ça n'en vaut pas la peine?

Pendant la guerre, un aviateur en a assez de se faire réveiller toutes les nuits par les sirènes. Chaque fois, il doit se lever, s'habiller et courir à son avion. Et chaque fois, c'est une fausse alerte. Alors, il décide de dresser son singe pour faire ce travail à sa place. À partir de ce moment, c'est le singe qui, vêtu en aviateur, doit se lever en plein milieu de la nuit et courir jusqu'à l'avion. Après l'alerte, il rentre sagement au campement et personne ne se rend compte de rien. Mais une nuit, l'alerte est réelle et l'escadrille doit vraiment décoller.

Plusieurs années plus tard, l'aviateur raconte: «Qu'on m'ait foutu à la porte, c'est un peu normal, mais que le singe ait été promu général...»

Au cours de la présentation d'une très mauvaise pièce de théâtre jouée par de très mauvais comédiens, un médecin se lève soudain dans la salle et crie:

— Y a-t-il un acteur sur la scène?

Un jeune comédien décroche son premier rôle dans une pièce de théâtre. Malheureusement, il n'a qu'une réplique à dire, une toute petite phrase: *Votre main, marquise, il faut que je la baise...*

Dans les jours précédant la première, il se creuse les méninges pour voir comment il pourra s'attirer l'attention du public et de la critique avec cette seule réplique. Le soir venu, il entre en scène et s'approche de celle qui joue le rôle de la marquise.

D'une voix pleine d'émotion, il dit:

— *Votre main, marquise!*

Puis, se tournant vers la salle, il lance un clin d'œil complice et ajoute:

— *Il faut que je la baise...*

Un homme fait les cent pas devant la salle d'accouchement. Finalement, une infirmière en sort.

— Votre enfant est né! fait-elle.

— C'est une fille?

— Non, c'est un garçon.

— Ah! Quand même. Je n'étais pas loin…

Une petite fille amène une vache au taureau pour la saillie. Passe un citadin qui s'offusque de cette situation.

— Dis-moi, petite, ton père ne pourrait-il pas se charger de cela?

— Non, répond la petite. Son truc n'est pas assez gros…

Une amie demande à une copine:

— Quelle sorte de vie sexuelle as-tu ces temps-ci?

— Je suis croyante, mais pas pratiquante.

Les mécanismes du rire

Regardons de plus près cette affirmation du Dr Henry Rubinstein[9], spécialiste dans l'exploration fonctionnelle du système nerveux: «[...] le rire n'est pas un simple instrument dans la boîte à outils ou la trousse du médecin. C'est, au contraire, un phénomène humain complet qui joue un rôle fondamental au carrefour des manifestations musculaires, respiratoires, nerveuses et psychiques de l'individu.»

Les recherches du Dr Rubinstein et de plusieurs autres ont permis de mieux cerner les aspects physiologiques du rire dont on comprend maintenant beaucoup mieux les vertus.

---

[9] Henry RUBINSTEIN, *Psychosomatique du rire, Rire pour guérir*, Paris, Éditions Robert Laffont, 1983.

Sous l'effet du rire, le diaphragme subit des contractions et des dilatations alternatives qui contribuent à réaliser une véritable gymnastique interne, agissant sur les poumons, les organes abdominaux et le système cardiovasculaire. Ce «massage interne» serait responsable du sentiment de bien-être et de décontraction que l'on ressent après s'être payé une bonne pinte de rire.

Plus globalement, le rire diminue le tonus musculaire et élimine les tensions ainsi que l'agressivité. Une étude réalisée récemment à l'université du Maryland démontre que le rire est efficace pour prévenir les maladies cardiovasculaires en général et l'infarctus du myocarde en particulier.

L'humour et le rire

Il ne faut pas confondre l'humour et le rire. L'humour ne conduit pas toujours au rire, et le rire n'implique pas nécessairement l'humour. L'humour est une disposition intellectuelle qui ne se retrouve pas chez tous les individus, alors que le rire est une aptitude physique innée chez l'être humain.

L'humour est tellement subjectif qu'il ne donne pas les mêmes résultats chez tout le monde. De plus, certains types d'humour laissent des personnes froides. L'humour britannique, par exemple, a des particularités qui le rendent difficile à apprécier par tout le monde, alors que l'humour noir ne nous fait pas tous rire.

D'autres personnes resteront tout à fait froides face à l'humour de style «tarte à la crème»; d'autres encore esquisseront à peine un sourire en entendant une blague qui fera s'esclaffer le commun des mortels. Toutefois, une chose est certaine: le rire est communicatif! Un spectacle d'humour aura plus d'effet s'il est vu dans une salle bondée de personnes prêtes à s'amuser que si on le voit seul, chez soi, devant son téléviseur.

Bien que le rire et le sourire soient tous deux des indicateurs d'une sensation de bien-être, le sourire est un mouvement volontaire qui n'implique que les muscles du visage. En principe, même une personne n'ayant aucun sens de l'humour pourrait bénéficier d'une thérapie par le rire en raison de ses effets sur l'ensemble de l'organisme.

C'est d'ailleurs pourquoi la méthode du Dr Madan Kataria porte le nom de «rire sans raison». Cependant, on est en droit de présumer qu'il faut un minimum de sens de l'humour pour accepter le principe de s'enfermer dans une pièce avec de parfaits inconnus pour rire sans raison...

Pour développer son sens de l'humour, il faut commencer par mettre de côté une partie de son sens critique. À force d'interpréter et d'essayer de comprendre, on finit par perdre de vue le cocasse d'une situation. C'est comme devoir expliquer une blague: plus on l'explique, moins elle est drôle.

Les différents rires

Dans son livre *La rigolothérapie*[10], Paule Desgagnés nous explique qu'il existe pas moins de 187 types de rires

---

[10] Paule DESGAGNÉS, *La rigolothérapie*, Montréal, Éditions Quebecor, 1996.

différents, relevés à la suite d'une recherche faite auprès d'un groupe de 5000 personnes. On peut en énumérer quelques-uns: le rire à gorge déployée, le rire jaune, le rire hypocrite, le rire saccadé, etc. N'oublions pas qu'on peut rire sous cape, rire du bout des dents, rire aux éclats, rire intérieurement, rire aux larmes, être crampé de rire ou être un pince-sans-rire. Bien sûr, on peut aussi se tordre de rire ou en mourir.

Chaque type de rire possède ses caractéristiques propres et chacun agit sur une partie ou une autre de l'organisme humain. Dans la thérapie du «rire sans raison» dont il a été question plus tôt, le Dr Kataria propose des exercices qui peuvent paraître insolites au premier abord, mais qui finissent par entraîner un rire naturel ayant des effets bénéfiques sur toutes les parties du corps.

À titre d'exemple, le «duel de rire» permet à deux participants de s'affronter en duel, avec pour seule arme son rire et ses mimiques. Peut-on imaginer meilleure façon de régler un différend dans la vie de tous les jours? Un tel affrontement ne fait pas de victime ou de perdant, puisque les deux acteurs en ressortent euphoriques, détendus et souriants.

Les synonymes de rire

Je me suis amusé à chercher des synonymes du verbe rire. À lui seul, le *Dictionnaire des synonymes Robert* en donne une bonne quantité. En voici quelques-uns.

Rire aux éclats.

Rire aux larmes.

Se désopiler.

Se dérider.

Éclater de rire.

S'esclaffer.

Glousser.

Pleurer de rire.

Pouffer de rire.

Rioter.

Se bidonner.

Se boyauter.

Se dilater la rate.

Se fendre la gueule.

Se fendre la margoulette.

Se fendre la pipe.

Se fendre la poire.

Se fendre la pomme.

Se fendre la terrine.

Se fendre la tronche.

Se gondoler.

Se marrer.

Se poiler.

Se tirebouchonner.

Se tordre.

S'en payer une tranche.

Rigoler.

Par extension, on utilise aussi les synonymes suivants.

S'amuser.

Se divertir.

S'égayer.

Prendre du bon temps.

Se réjouir.

Badiner.

Jouer.

Plaisanter.

Se moquer.

Railler.

Ricaner.

Ridiculiser.

Tourner en ridicule.

On trouve une quantité d'expressions diverses ayant toutes pour dénominateur commun le rire. En voici quelques-unes: se payer une pinte de bon sang, rire à en pisser dans sa culotte, se marrer, rire à se rouler par terre, rire à s'en tenir les côtes, mourir de rire...

La différence entre rire et pleurer

Le rire est une émotion qui appartient au groupe particulier des phénomènes respiratoires. Ces émotions respiratoires modèlent, informent et façonnent le souffle. Il existe deux sortes d'émotions respiratoires: les émotions en inspiration et les émotions en expiration.

L'angoisse et le bâillement sont deux exemples d'*émotions en inspiration*. Dans le cas de l'angoisse, par exemple, l'émotion peut provoquer un manque d'air, une sensation d'oppression et de gorge serrée. Dans des cas extrêmes, le sujet peut éprouver une oppression qui ressemble à une sensation de mort imminente. Quand on bâille, on essaie tout simplement de renouveler le milieu intérieur par une longue inspiration d'air nouveau, comme pour se revigorer.

Tout au contraire des émotions en inspiration, les *émotions en expiration*, dont le rire fait partie, provoquent un effet de libération. Le cri est une réaction d'alarme qui peut se transformer en appel par une soudaine mobilisation des cordes vocales; pour illustrer l'effet libérateur du cri, on n'a qu'à penser à la thérapie du cri primal, au cours de laquelle les patients «expulsent» leurs problèmes en criant.

Le soupir est le contraire du bâillement. C'est une expiration profonde qui nous permet de rejeter quelque chose. Le sanglot, pour sa part, est l'équivalent triste du rire et il se répète normalement par saccades successives.

Rions encore un peu...

Toutes les citations qui suivent sont tirées de San-Antonio (Frédéric Dard). C'est un choix personnel, dicté uniquement par le fait que j'adore ce qu'il écrit. Son style très particulier et sa façon de jongler avec les mots lui permettent de jouer au philosophe ou au poète sans arrêter de divertir le lecteur.

C'est une lecture que je recommande chaudement. Si vous ne le connaissez pas, découvrez-le sans tarder. Si vous le connaissez déjà, empressez-vous de le relire.

***

Le meilleur moment de l'amour, c'est lorsqu'on grimpe les escaliers.

Y a des moments, parole, où mon esprit est si volumineux que je suis obligé de faire deux voyages pour pénétrer dans une pièce.

Je me retrouve face à face avec un minuscule petit vieux qui passerait inaperçu s'il n'était affligé d'un nez à côté duquel celui de Robert Dalban a l'air d'un radis rose. Bel appendice en vérité: avec des cratères, des verrues, des poils, des points noirs, des veines, des grains de beauté, des marbrures, des zébrures, des crevasses, des plaques, des cicatrices et des lunettes. Ce nez tient de la fraise gâtée, du steak tartare aux câpres, du champignon vénéneux et de la pomme de terre en robe de chambre.

Ou bien ce type est un peu nain sur les bords, ou bien il fait semblant et c'est bien imité.

Est-il besoin de vous affirmer que je n'ai rien à faire de vos objections et que vous pouvez les utiliser comme suppositoires?

On ne peut pas faire appel à la sportivité d'un homme quand ses piastres sont en jeu. Le fair-play, la galanterie, la dignité humaine ne peuvent faire bon ménage avec l'intérêt. Ce sont d'aimables ponctuations de l'existence, mais sur un chèque il n'y a pas de ponctuation.

Les rois des cons, tu veux savoir? Armstrong et ses potes! Revenir de la lune quand on a la chance de pouvoir y aller!

Les souvenirs, c'est le chiendent de l'âme. T'as beau les sarcler, ils repoussent irrésistiblement.

Il hausse les épaules, dubitatif comme un canard adulte qui vient de trouver sur le Larousse la recette du canard à l'orange.

La véritable indépendance consiste seulement à dépendre de qui on veut!

Il faut beaucoup de talent pour faire rire avec des mots. Mais il faut du génie pour amuser avec des points de suspension...

Les hommes s'imaginent faire des enfants, alors qu'ils ne font que d'autres hommes.

Nous autres, poètes, quand nous avons de la peine, au lieu de la chasser, nous lui cherchons un titre.

La science est un train que le mécanicien ne peut arrêter.

Les Français qui croisent une étrangère lui regardent successivement les jambes, les yeux et l'annulaire gauche.

Les hommes sont empêtrés dans leurs fantasmes comme des spaghettis dans du parmesan fondu.

Les effets du rire sur l'organisme

Dans cette section, nous regarderons de plus près comment le rire affecte certaines parties de l'organisme humain. Encore une fois, j'utiliserai les conclusions du Dʳ Henri Rubinstein, telles qu'on les retrouve dans *Psychosomatique du rire*.

Le rire et l'appareil respiratoire

Le rire peut être décompressif et expulsif, en plus d'être explosif, brusque et intense. Il a pour effet de vider les poumons de leur air et, pour cette raison, il constitue un phénomène expiatoire. Il libère les voies aériennes supérieures un peu comme la toux le fait. Comme quoi une bonne quinte de rire pourrait s'avérer aussi efficace qu'une bonne quinte de toux!

Rubinstein prétend même qu'il est possible de mettre fin à une crise d'asthme si l'on réussit à faire rire la personne qui en est victime. De plus, le rire devrait faire partie de toute thérapie de rééducation respiratoire pour les personnes souffrant de troubles comme l'emphysème ou d'anxiété.

Souvent, les personnes anxieuses ne savent pas respirer et ressentent une forme d'oppression due à une respiration courte et saccadée. Une rééducation basée sur le rire pourrait être d'autant plus bénéfique qu'elle serait très agréable et contribuerait grandement à diminuer l'anxiété.

Le rire et le système cardiovasculaire

Parce que le rire a l'effet d'un électrochoc sur le système neurovégétatif, tout le système cardiovasculaire en bénéficie. Le cœur et la respiration s'accélèrent pendant une courte période, puis le rythme cardiaque ralentit, la tension artérielle diminue et les muscles se détendent.

À plus long terme, le rire a des effets sur le taux de cholestérol: il contribue au brassage hépatique et à l'augmentation des échanges pulmonaires, ce qui, en retour, fait baisser le taux des graisses sanguines. Il exerce donc un excellent effet préventif sur l'athérome vasculaire et l'artériosclérose.

Quand on parle de «se payer une pinte de bon sang» en parlant du rire, on constate à quel point la sagesse populaire vise parfois dans le mille!

Le rire et le système digestif

Le tube digestif, long d'une dizaine de mètres, va de la bouche à l'anus. S'y greffent divers organes glandulaires, comme le foie et le pancréas, chargés de sécréter les sucs nécessaires à une bonne assimilation des aliments par l'organisme.

La chimie de la digestion, qui opère sans arrêt, inclut aussi la création de produits toxiques nocifs tant pour le corps que pour le moral. Lorsqu'on souffre d'irrégularité, ces produits sont éliminés de manière incomplète: c'est la constipation, que l'on retrouve souvent chez les personnes fatiguées, anxieuses ou surmenées.

On peut soigner la constipation avec des laxatifs, mais on risque de mettre en place une sorte de cercle vicieux de constipation chronique, celle-ci causant une forme d'intoxication, aux effets tant physiques que psychiques, puisque des déchets qui doivent être éliminés régulièrement ne le sont plus, ou le sont de façon très irrégulière.

Le rire représente un moyen naturel et efficace de lutter contre la constipation, puisqu'il constitue une gymnastique abdominale et un brassage en profondeur du tube digestif. Naturellement, on ne parle pas ici d'un rire du bout des dents, mais plutôt d'un rire sonore et franc qui a, de surcroît, le mérite de lutter contre l'aérophagie en expulsant l'air contenu dans la partie supérieure du tube digestif.

Le foie, la vésicule biliaire et la rate vont aussi profiter de ce brassage. Bien que la rate ne participe pas spécifiquement à la digestion, le fait de l'aider à se dilater sur une base régulière permet de chasser ce que l'on appelle les «humeurs noires». Ici, il faut comprendre que la rate sert à constituer une réserve de sang. Encore une fois, le langage populaire a un fondement physiologique très précis puisque plus on «se fait du mauvais sang», plus il s'en accumule dans la rate.

Le rire et la douleur

La douleur est un symptôme d'alerte qui a pour but d'attirer l'attention sur un désordre du corps. Une douleur peut être le signe avant-coureur d'une affection grave qui requiert rapidement une consultation médicale. Souvent, le type même de douleur aidera le médecin à poser un diagnostic. Une douleur nouvelle et soudaine est donc une chose sérieuse et il n'est donc pas question d'en rire.

Par contre, il existe toutes sortes de douleurs, plus ou moins chroniques selon les individus, qui peuvent profiter du rire: les migraines, les douleurs musculaires et les maux de dos.

Le rire agit à court et à long termes de quatre façons différentes:

La première: le rire distrait l'attention.

On sait bien que les douleurs sont moins intenses à partir du moment où l'on cesse de se concentrer sur elles.

La deuxième: le rire réduit la tension musculaire.

Dans de nombreux cas de migraine, de douleurs musculaires ou de lombalgie, il se crée un raidissement des muscles qui contribue à augmenter la douleur. Le rire, en permettant à ces muscles de se relâcher, va donc diminuer l'intensité du mal.

La troisième: le rire modifie notre attitude face à la douleur.

Tout le monde ne ressent pas la douleur de la même façon. Le niveau de tolérance de chacun peut varier en fonction de facteurs comme la personnalité, la culture et l'environnement. Par contre, une personne optimiste et positive portera moins attention à ses maux et composera avec eux beaucoup plus facilement que l'individu pessimiste et négatif.

La quatrième: le rire augmente la production de catécholamines et d'endorphines.

Les endorphines sont présentes à l'état naturel dans l'organisme et procurent un effet anesthésiant semblable à celui de la morphine. En augmentant suffisamment le taux d'endorphines, non seulement la douleur disparaît, mais on peut même induire un état d'euphorie qui n'est pas sans rappeler celui que connaissent les personnes qui font de la course à pied.

Les catécholamines, pour leur part, sont très efficaces pour combattre tous les types d'inflammations, incluant celles qui sont attribuables aux rhumatismes. Elles ont aussi des propriétés antidépressives, ce qui leur permet de combattre les états dépressifs souvent associés à la présence de douleurs chroniques.

Le rire et le sommeil

L'insomnie est souvent un symptôme de stress. Or, une des premières fonctions du sommeil est de protéger le système nerveux et la personnalité de la fatigue ou des stimuli nocifs. Le sommeil est donc nécessaire tant pour nous reposer que pour nous éviter le déplaisir. À preuve, certaines personnes déprimées passent beaucoup trop de temps à dormir pour fuir la réalité.

Chaque individu a besoin d'un certain nombre d'heures de sommeil, variant de 6 à 10 heures par 24 heures, selon le sujet, son âge, sa constitution, sa dépense énergétique quotidienne. Mais une chose est certaine, quelqu'un qui ne dort pas suffisamment finira par en éprouver des inconvénients: fatigue, problèmes digestifs, amaigrissement.

Le rire en soirée agit sur le sommeil dans la mesure où il permet aux muscles de se détendre, procurant ainsi un état de relaxation propice au repos. De plus, l'organisme, après une session de jogging interne, n'aura d'autre choix que de récupérer et de céder la place à la sérotonine qui favorise le sommeil.

Une bonne session de rire entraîne aussi une détente psychique qui facilite le sommeil en mettant en veilleuse les ruminations qui, fort souvent, favorisent l'insomnie.

Le rire et la sexualité

Au risque d'être grivois, rire un bon coup, c'est un peu comme tirer un bon coup. Une relation sexuelle complète et une bonne rigolade sont deux phénomènes physiologiques qui mettent en jeu des structures nerveuses très proches. Dans les deux cas, on parle de préparation, de montée, d'attente, d'explosion et de relaxation.

Autant on s'inquiète d'une incapacité, même temporaire, à jouir, autant on se préoccupe rarement d'une incapacité à rire. Pourtant, nous savons tous qu'il est plus facile d'aborder une personne du sexe opposé après l'avoir fait rire.

D'après Rubinstein, «la commande nerveuse de l'acte sexuel met en jeu les centres corticaux qui harmonisent et sélectionnent les stimuli érogènes, les centres hypothalamiques (système limbique) où sont intégrés les stimuli qui commandent l'acte sexuel et le système nerveux autonome où l'influence du parasympathique prédomine nettement et met en action la relaxation et la dilatation des vaisseaux sanguins».

En d'autres termes, c'est toujours le système parasympathique, dont nous avons déjà fait mention, qui gère les réactions nécessaires à l'accomplissement de l'acte sexuel. Une personne stressée, fatiguée ou déprimée aura plus de difficulté à atteindre l'orgasme. Chez l'homme, cette difficulté pourra se manifester par l'impossibilité d'avoir une érection.

Quelle bonne raison de combattre le stress!

Le rire et l'espérance de vie

Chez les gens à la longévité exceptionnelle, il est fréquent de constater une gaieté et une joie de vivre qui les ont mis à l'abri du stress et de ses effets néfastes. Les centenaires sont souvent des bons vivants, optimistes et rieurs.

Le processus du vieillissement repose sur plusieurs facteurs:

- les cellules se dessèchent lorsque celles-ci n'arrivent plus à éliminer les toxines qui s'accumulent dans les tissus;

- le taux d'activité des cellules diminue; celles-ci deviennent de plus en plus fragiles et leur équilibre physiochimique s'altère;

- la consommation d'oxygène diminue à la suite de la réduction des mouvements thoraciques;

- les reins se mettent à éliminer moins bien;

- les organes sexuels cessent graduellement de sécréter leurs hormones;

- le système cardiovasculaire ralentit son activité;

- les fonctions cérébrales se sclérosent.

En plus de ces phénomènes normaux et irréversibles en bonne partie, il faut aussi mentionner que l'organisme humain, en vieillissant, devient plus fragile et que, de ce fait, de nombreuses maladies risquent d'apparaître, dont les maladies cardiovasculaires et le cancer.

Selon Hans Selye, «le stress est l'équivalent d'un phénomène d'usure de l'organisme». Alors, puisque le rire est une arme efficace pour combattre le stress, l'association est facile à faire: plus de rire -> moins de stress -> meilleure santé -> plus grande longévité.

Un mot sur le stress et le cancer

On a démontré l'influence du stress sur l'apparition de maladies comme les ulcères d'estomac et les maladies cardiovasculaires, dont l'infarctus du myocarde. Bien que de nombreux médecins aient noté l'apparition de cancers dans les 6 à 12 mois suivant des événements stressants comme un deuil, la perte d'un emploi, un divorce ou une mise à la retraite, le lien n'est pas encore prouvé scientifiquement.

Certains avancent l'hypothèse que les personnes qui ont de la difficulté à exprimer leur agressivité ou leur hostilité seraient plus à risque de développer un cancer.

Par contre, comme le dit si bien Rubinstein, «de toute manière, même si le rire n'augmentait pas nécessairement la durée de la vie, il augmente indiscutablement la qualité de la vie».

Comment le rire agit sur le stress

Le sourire et le rire sont les deux manifestations les plus évidentes du plaisir. Même si le premier est moins spontané et qu'il ne touche que les muscles du visage, il peut témoigner d'un bien-être ou d'un bon état d'esprit. Or, nous savons que l'organisme résiste mieux aux infections et à la maladie quand nous sommes dans un bon état d'esprit. Chaque fois que nous rions, nous renforçons notre organisme.

C'est un peu le pendant du dicton «un esprit sain dans un corps sain» qu'il faudrait lire «un corps sain grâce à un esprit sain».

Daniel Chabot, dans son livre *La sagesse du plaisir*[11], préfacé par Henri Laborit, soutient que «le rire est un

---

[11] Daniel Chabot, *La sagesse du plaisir*, Montréal, Éditions Quebecor, 1991.

véritable jogging intérieur. Il active les muscles du visage, des épaules, du diaphragme, de l'abdomen et, quand il est convulsif, ceux des bras et des jambes».

Selon lui toujours, «après avoir bien ri, on se sent détendu, la pression sanguine diminue, les muscles se relâchent et on ressent une douce euphorie».

Le rire est un exercice musculaire

Le rire monopolise une bonne partie des muscles de l'organisme, allant du visage jusqu'aux membres, en passant par le diaphragme et les muscles abdominaux. Dans une société de plus en plus sédentaire, où l'on passe la majeure partie de la journée assis derrière un bureau et la soirée devant le téléviseur, de bonnes séances de rire, même si elles ne sont pas aussi complètes et efficaces que l'exercice physique, constituent l'équivalent d'un jogging intérieur aux effets aussi valables que ceux de l'exercice physique.

Le rire est une technique respiratoire

Beaucoup des bienfaits attribués au sport et à l'exercice physique sont dus au travail de la respiration. D'ailleurs, celle-ci est un élément primordial de la plupart des activités physiques, et savoir respirer est indispensable à la santé.

Lorsqu'on a une bonne éducation respiratoire, on se met à l'abri de nombreuses affections courantes. Une bonne respiration permet le brassage des organes et des intestins par les muscles abdominaux et thoraciques ainsi qu'une meilleure oxygénation de l'organisme.

Comme le dit Henri Rubinstein, «les fonctions intestinales et hépatiques sont améliorées, l'appareil cardio-vasculaire se régularise, le rendement intellectuel augmente, nervosité et insomnies diminuent».

Le rire libère les endorphines

Le rire stimule la production cérébrale de catécholamines, qui sont les hormones de l'éveil, et prépare l'organisme à répondre aux agressions en mettant celui-ci en état d'alerte. À leur tour, les catécholamines entraînent une augmentation dans la production des endorphines, des agents qui agissent contre la douleur.

Les catécholamines ont aussi un autre effet contre la douleur: elles diminuent l'inflammation, ce qui permet aux endorphines d'être plus efficaces.

Le rire est un stimulant psychique

Le rire permet de construire une barrière d'optimisme contre les petites dépressions, les inquiétudes et les angoisses de la vie quotidienne. Il constitue également une forme de désintoxication morale.

L'état d'alerte dû aux catécholamines augmente l'attention, les possibilités intellectuelles et la vitesse d'exécution. Certains chercheurs croient même que le génie serait lié à une surproduction de catécholamines.

Quoi qu'il en soit, le rire stimule les capacités intellectuelles ainsi que la rapidité avec laquelle on perçoit l'humour dans une situation donnée. Cette rapidité constitue en quelque sorte un baromètre des possibilités psychiques de l'individu. En ce sens, le rire, en plus d'être un jogging intérieur, peut aussi être perçu comme un jogging de l'esprit.

Le rire agit sur le système neurovégétatif

C'est le système limbique, où réside le centre des émotions et qui commande le système neurovégétatif, qui entre en action tout de suite après la phase d'alerte. Cette deuxième phase est à prédominance parasympathique; elle ralentit le rythme cardiaque, fait baisser la pression artérielle, régularise la digestion et la respiration, commande les organes génitaux.

Ces effets sont durables et continuent de se faire sentir bien après que l'on s'est arrêté de rire. C'est alors que se fait sentir de façon évidente la réduction des effets nocifs du stress parce que le rire provoque la prépondérance du système parasympathique.

C'est la partie du cerveau qui nous permet de rire sans raison, qui nous permet de ne pas nous autocensurer et qui, si l'on apprend à s'en servir, constitue une arme formidable pour aider notre organisme à lutter contre la dépression et la maladie.

Je le répète, si le rire n'augmente pas nécessairement la durée de la vie, il augmente indiscutablement la qualité de la vie.

Une autre pause sourire...

Pour me faire pardonner toutes les notions terriblement sérieuses dont ce livre est truffé, je vous offre une autre pause sourire. J'avoue ne pas connaître personnellement les auteurs qui se sont intéressés au rire et qui ont écrit des livres sur le sujet, mais, sur la base de ce que j'ai lu, j'ai tendance à croire que la plupart de ceux-ci ne sont pas (n'étaient pas) des personnes très rigolotes…

Voici donc un ensemble de citations et de jeux de mots provenant d'auteurs connus et inconnus.

***

Une même robe est provocante dix ans avant son époque, audacieuse un an avant, chic à son heure, démodée trois ans après, hideuse vingt ans plus tard et comique au bout de trente ans.

JAMES LAVER

La meilleure façon de ne pas avancer est de suivre une idée fixe.

JACQUES PRÉVERT

Les meilleurs médecins du monde sont: le Docteur Diète, le Docteur Tranquille et le Docteur Joyeux.

JONATHAN SWIFT

La fidélité conjugale, une terrible démangeaison avec défense de se gratter.

AURÉLIEN SCHOLL

Je ne crois pas en l'au-delà, quoique j'apporte avec moi des sous-vêtements de rechange.

WOODY ALLEN

Le doute me ronge. Et si tout n'était qu'illusion? Si rien n'existait? Dans ce cas, j'aurais payé ma moquette beaucoup trop cher.

WOODY ALLEN

Les hommes intelligents ne peuvent pas être de bons maris, pour la bonne raison qu'ils ne se marient pas.

HENRY DE MONTHERLANT

Quand on est jeune, on court après les jolies filles en imaginant qu'on va les conquérir. Quand on est vieux, c'est beaucoup plus reposant: on laisse son imagination courir après.

MAURICE CHEVALIER

Ça y est. Ça recommence. Y a ma libido qui me chatouille. J'arrive plus à bosser. Coucher, baiser, sauter, y a plus que ça qui compte, je n'arrête pas.

Samedi, j'étais tellement obsédé que j'ai sauté deux repas, j'ai baisé le fisc, et j'ai même couché avec allégresse quelques alexandrins sublimes sur le déclin de la rose.

PIERRE DESPROGES

L'amour... il y a ceux qui en parlent et il y a ceux qui le font. À partir de quoi il m'apparaît urgent de me taire.

PIERRE DESPROGES

Un ministère est l'endroit où ceux qui arrivent en retard croisent dans l'escalier ceux qui partent en avance.

GEORGES COURTELINE

Si votre psychanalyste s'endort devant vous, il y a un truc infaillible pour le réveiller: ouvrez doucement votre portefeuille.

WOODY ALLEN

On devrait bâtir les villes à la campagne, l'air y est plus pur.

HENRI MONNIER

Une connaissance, c'est quelqu'un qu'on connaît assez pour lui emprunter de l'argent, mais pas assez pour lui en prêter.

AMBROSE BIERCE

Dieu doit aimer les pauvres, autrement il n'en aurait pas créé autant.

ABRAHAM LINCOLN

Tous les hommes sont des comédiens, sauf quelques acteurs.

SACHA GUITRY

N'écoutez jamais un critique. Aucune statue n'a jamais été élevée à un critique.

JEAN SIBÉLIUS

Je me sens très optimiste quant à l'avenir du pessimisme.

JEAN ROSTAND

La différence entre le journalisme et la littérature, c'est que le journalisme est illisible et que la littérature n'est pas lue.

OSCAR WILDE

La philosophie est une route qui mène de nulle part à rien.

AMBROSE BIERCE

Plus on regarde la télévision, moins on est regardant.

ALBERT BRIE

Pour un critique, la première impression est toujours la bonne, surtout quand elle est mauvaise.

HENRI JEANSON

La première partie de notre vie est gâchée par nos parents, la seconde par nos enfants.

CLARENCE DARROW

Certains croient que le génie est héréditaire, les autres n'ont pas d'enfants.

MARCEL ACHARD

L'homme est imparfait, mais ce n'est pas étonnant quand on pense à l'époque où il a été créé.

ALPHONSE ALLAIS

Il y a des gens tellement ennuyants qu'ils vous font perdre une journée en cinq minutes.

JULES RENARD

Méfiez-vous des gens qui ne s'ennuient jamais. On s'ennuie toujours avec eux.

GILBERT CESBRON

Quand quelqu'un dit: je me tue à vous le dire! laisse-le mourir.

JACQUES PRÉVERT

Tous les êtres humains pensent. Seuls les intellectuels s'en vantent.

PHILIPPE BOUVARD

Un bon diplomate est quelqu'un qui peut égorger son voisin sans qu'il s'en aperçoive.

WINSTON CHURCHILL

C'est vraiment dommage que 90 % des politiciens donnent une mauvaise réputation aux 10 % qui restent.

HENRY KISSINGER

Chez un homme politique, les études c'est quatre ans de droit, puis toute une vie de travers.

COLUCHE

Si on bâtissait la maison du bonheur, la plus grande pièce en serait la salle d'attente.

JULES RENARD

Un imbécile qui marche va plus loin qu'un intellectuel assis.

MICHEL AUDIARD

Le lit est l'endroit le plus dangereux du monde: 80 % des gens y meurent.

MARK TWAIN

Ce que je souhaite de tout mon cœur, c'est de mourir jeune à un âge avancé.

GILBERT CESBRON

Les médecins passent leur vie à mettre des drogues qu'ils ne connaissent pas dans des corps qu'ils connaissent encore moins.

VOLTAIRE

Les enfants sont des soucis certains et des réconforts incertains.

PROVERBE ANGLAIS

Le riche tue le temps et le temps tue le pauvre.

PROVERBE IRLANDAIS

La loi a été faite pour le riche et le châtiment pour le pauvre.

PROVERBE AMÉRICAIN

On entre en politique avec un bel avenir devant soi et on en sort avec un terrible passé.

PROVERBE ITALIEN

Il faut deux ans pour apprendre à parler et toute une vie pour apprendre à se taire.

PROVERBE CHINOIS

Les bonnes nouvelles marchent et les mauvaises courent.

PROVERBE SUÉDOIS

Les poules d'en haut salissent celles d'en bas.

PROVERBE BRÉSILIEN

Un chien sans queue ne peut exprimer sa joie.

PROVERBE ALBANAIS

Si un animal vous dit qu'il peut parler, il ment probablement.

PROVERBE AFRICAIN

Qui a des éléphants doit avoir de grandes portes.

PROVERBE AFGHAN

* * *

Un politicien honnête, c'est celui qui reste fidèle à celui qui l'a acheté.

Je suis capable du meilleur et du pire. Mais dans le pire, c'est moi le meilleur.

Les riches ont plus d'argent, mais les pauvres ont plus de bébés.

Quand un barbier lui demande comment il veut qu'on lui coupe les cheveux, le sage répond: en silence.

La seule chose plus difficile à digérer qu'une salade d'avocats, c'est une facture d'avocat.

Il n'y a pire suicide que de se tuer à l'ouvrage.

Tenir un restaurant japonais, c'est beaucoup de sushis!

Pourquoi remettre à demain ce qu'on peut faire la semaine prochaine?

Ce sont toujours les employés qui font des erreurs. Les patrons, eux, font des expériences.

La plupart des professeurs mériteraient un doctorat honorifique en anesthésie.

Il n'y a pas de fonctionnaires travailleurs, il n'y a que des fonctionnaires insomniaques.

Patient est le pompier, car il commence chaque fois en bas de l'échelle.

L'erreur est humaine, mais la mettre sur le dos de ses employés l'est encore plus.

Seul le grand distrait peut se raser devant sa photo.

Quand le vin est tiré, il faut ramasser les bouteilles cassées.

Comment appelle-t-on un grand imbécile? Un sot en hauteur.

L'usage du tabac est une des causes principales de la pauvreté.

Quand on lit attentivement ses polices d'assurance, on se rend compte que ce qu'elles protègent le mieux, c'est la compagnie d'assurances.

Chaque fois que vous prêtez de l'argent à un ami, vous endommagez sa mémoire.

Si tout le monde a peur de rester pris dans un ascenseur, c'est à cause de la musique qu'on y diffuse.

Les seules personnes qui gagnent sur tous les tableaux, ce sont les propriétaires de galerie d'art.

Si certaines émissions de radio s'appellent des hot lines, *c'est parce que la plupart des auditeurs qui appellent ont l'air d'être chauds.*

La seule émission de télé où les méchants l'emportent sur les bons, c'est le journal télévisé.

Un synonyme, c'est un mot qu'on écrit pour remplacer celui dont on ne connaît pas l'orthographe.

La musique adoucit les mœurs, tant que tu n'as pas de voisin musicien.

Si les Écossais ne jouaient pas de la cornemuse, le monstre du loch Ness ne se cacherait pas tout le temps sous l'eau.

Utilisé savamment, le violon peut devenir un instrument de torture.

Si Beethoven avait été moins sourd, ça frapperait moins longtemps à la porte au début de la Cinquième Symphonie.

Quand tu as donné la main à ton gérant de banque, compte tes doigts.

Si vous pensez que personne au monde ne s'intéresse à vous, sautez un paiement sur votre voiture.

Ce qu'il y a de décevant avec les prématernelles, c'est que, le soir, elles nous rendent nos enfants.

La vérité sort de la couche des enfants.

Quand ils ont mangé tous leurs bonbons le soir de l'Halloween, il n'y a pas que la vérité qui sort de la bouche des enfants.

Rien ne rapproche autant une famille que d'envoyer les enfants dans une colonie de vacances.

Si les prénoms voulaient dire quelque chose, la moitié des enfants se prénommeraient Surprise!

L'insomnie est une maladie héréditaire transmise aux parents par les bébés.

Avec les baladeurs que les jeunes écoutent à tue-tête, on ne sait plus si c'est la musique, ou l'autre chose, qui les rend sourds.

L'enfance, c'est s'ennuyer de ses parents quand ils sont absents, et s'ennuyer tout court quand ils sont présents.

On a beau essayer d'enseigner les bonnes manières aux enfants, ils continuent de faire comme nous.

La penderie est l'endroit où l'on range nos vêtements quand il n'y a plus de place sur la poignée de la porte.

Certaines grandes compagnies nagent dans la pollution comme un poison dans l'eau.

Il y a deux sortes de politiciens: ceux qui donnent des pots-de-vin et ceux qui en reçoivent.

La politique mène à tout, à condition d'y rester.

Le meilleur moyen de savoir si votre député ronfle en dormant, c'est d'écouter les débats parlementaires.

Quand la vérité sort de la bouche d'un politicien, c'est parce qu'il a été mal cité par un journaliste.

Les propriétaires de Lada n'ont pas été surpris de voir l'URSS perdre des morceaux.

Nul n'est prophète en son pays, surtout pas les météorologues.

Une vraie sceptique peut être confondue, mais pas une fosse septique.

Le sage ne dit pas ce qu'il sait, et le sot ne sait pas ce qu'il dit.

Vous avez beau tuer le temps, c'est lui qui finira par vous enterrer...

Qui vole un neuf vole un dix.

Qui tire la chasse perd sa place.

Il n'est jamais trop tard pour RIEN faire.

Quand on pointe la lune du doigt, l'imbécile regarde le doigt.

L'humour, c'est de savoir que tout, absolument tout, est drôle. Du moment que c'est aux autres que ça arrive.

On n'arrête pas le progrès! Grâce à l'air climatisé, on peut maintenant avoir le rhume à l'année.

Comme on fait son coulis, on se mouche.

Qui sème un vent récolte les nez bouchés.

Si on vous laisse poireauter aussi longtemps dans les urgences, c'est que le temps guérit tous les maux.

On s'aperçoit qu'on vieillit quand on voit son médecin plus souvent que ses enfants.

Ce n'est pas parce que vous mariez une infirmière que vous serez traité aux petits soins.

Au royaume des chameaux, les dromadaires sont rois.

Quand dans l'étable le bœuf se fâche, personne ne bouse.

Si tu es muet comme une taupe et myope comme une carpe, dis-toi que ça aurait pu être pire.

La dinde est tolérante, mais elle déteste les farceurs.

On ne fait pas de poussins sans casser des œufs.

Quand vous voyez un hippopotame dans votre salle de bains, coupez sur la boisson.

Quand le chat n'a pas faim, il dit que le derrière de la souris pue.

Les chameaux ne rient pas des bosses des autres.

Le chasseur se fâche quand l'outarde lui monte au nez.

Quand le poisson mord, c'est qu'il a pris un ver de trop.

Celui qui mange des œufs ne sait pas si la poule a mal au derrière.

Seul le homard imprudent accepte une invitation pour le Festival du homard.

Quand tu voyages en Afrique, fais attention de ne pas tomber dans un trou de mémoire d'éléphant.

Si les vaches avaient des ailes, personne ne sortirait sans parapluie.

Les *thérapies* par le rire

Nous avons vu comment Norman Cousins s'est guéri d'une grave maladie en regardant des films comiques et comment le Dr Patch Adams a intégré le rire à ses traitements médicaux. Nous avons aussi vu comment le Dr Madan Kataria a lancé les Clubs du rire. Il serait trop long de les énumérer toutes, mais il existe une foule d'autres initiatives dans le domaine, dont l'association Le rire médecin, en France, et Les clowns sans frontières, qui rendent visite aux enfants de pays ravagés par la guerre.

Les Français ont lancé le terme «gélothérapie» (du grec *gelos*: rire) pour désigner une thérapie basée sur le rire. Les termes «hilarothérapie» et «rigolothérapie» sont aussi de plus en plus usités.

Mais attention. Il ne faut pas croire que le rire peut, à lui seul, tout régler. En fait, il représente une thérapie préventive quand on est en bonne santé et il constitue un complément à toute forme de traitement si on est malade.

Et si on ne peut pas se payer une thérapie...

Tout le monde n'a pas le temps, l'énergie ou les moyens de s'inscrire à un club de rire ou à une thérapie basée sur le rire. L'avantage majeur du rire, c'est qu'on peut le produire soi-même. À défaut de s'inscrire à une thérapie du rire, il existe diverses méthodes qui peuvent se pratiquer seul, à deux ou à plusieurs.

Le premier avril, journée du poisson d'avril, est une tradition qui a tendance à se perdre. C'est la journée de l'année où toutes les frasques sont permises, et où on peut s'amuser aux dépens des autres. Comme la Journée internationale du rire n'est pas encore entrée dans les mœurs, pourquoi ne ferait-on pas de chaque journée une occasion pour rire un peu... ou beaucoup?

Doit-on apprécier les secrétaires seulement lors de la Journée internationale des secrétaires? Est-on obligé d'honorer les mères ou les pères uniquement lors des journées qui leur sont consacrées? Pourquoi en serait-il différent du rire? Bien sûr, certaines occasions ne se prêtent pas du tout à la rigolade tout comme certains individus n'apprécient aucunement les poissons d'avril ou les tartes à la crème.

Mais dans un milieu de vie ou un milieu de travail, il y aura toujours des personnes qui sauront apprécier une bonne blague… et vous la rendre. Il suffit d'être observateur, de trouver des alliés et, surtout, d'éviter de trop en faire. En effet, les farces et attrapes à répétition risquent d'avoir l'effet contraire à celui qui est recherché: on pourrait vous trouver rapidement ennuyant.

En milieu de travail surtout, qui dit humour ne dit pas antiproductivité! Au contraire, il s'agit ici d'alléger un climat souvent lourd et morose pour améliorer le moral et, ainsi, accroître la productivité. Les Japonais ont compris depuis longtemps les effets négatifs du stress au travail.

En début de journée, les employés sont obligés de se délier les muscles en faisant de l'exercice physique, ce qui est excellent pour la productivité matinale. De plus, la plupart des entreprises ont aussi des salles où les membres du personnel peuvent se rendre pour passer leurs frustrations.

Dans ces salles insonorisées, les employés peuvent laisser sortir la vapeur en frappant sur des *punching bags* ou en lançant des fléchettes sur des photographies des patrons de l'entreprise. Bien que ces méthodes aient sûrement leurs vertus et qu'elles contribuent à un sain défoulement, je crois qu'un peu d'humour pendant les heures de travail pourrait avoir un effet aussi bénéfique.

Faisons notre propre thérapie

Bienheureux ceux qui savent rire d'eux-mêmes,

car ils n'ont pas fini de s'amuser.

JOSEPH FOLLIET

Une thérapie par le rire que l'on s'invente soi-même possède plusieurs avantages par rapport au «prêt-à-porter». En effet, non seulement peut-on choisir les moyens que l'on va utiliser, mais aussi le type d'humour, les heures du jour et le contexte jugé idéal. Il ne faut pas perdre de vue que le rire le plus spontané et profitable se produit en groupe, ne serait-ce qu'en raison de son effet contagieux. Par contre, le rire «en solitaire» n'est pas totalement dépourvu de bienfaits, loin de là.

Au gré de mes lectures, j'ai trouvé plusieurs techniques propices au déclenchement du rire. À vous de juger lesquelles vous conviennent.

Rire seul?

Pour rire seul, il faut passer par-dessus certaines notions acquises et, surtout, ne pas avoir peur de se sentir ridicule à ses propres yeux. On peut commencer graduellement, par exemple en créant un climat propice: éviter les agressions causées par les nouvelles télévisées de fin de soirée dans des périodes où l'on sait à l'avance qu'elles ne seront qu'une reprise des (mauvaises) nouvelles diffusée à l'heure du souper; s'habituer à voir les éléments positifs dans toutes les situations, quelles qu'elles soient;

avoir des activités de détente comme la musique, la peinture, le chant (bon pour la respiration); décorer son environnement de manière amusante; placer à des endroits stratégiques des pensées optimistes, drôles et positives de façon à les voir régulièrement.

Efforcez-vous de développer une pensée positive: le pessimisme cédera petit à petit la place à l'optimisme et le rire viendra plus facilement. L'enfant qui sommeille en vous se révélera plus facilement dans un tel contexte.

Lorsque vous écoutez un film ou une émission drôle, ou encore quand vous lisez un article ou un roman drôle, ne retenez pas votre rire. Laissez-le sortir. Lisez moins de romans sombres et plus de bandes dessinées; quant au journal, passez moins de temps à la page des cotes de la Bourse ou à la chronique nécrologique et attardez-vous à la page des caricatures ou à celle des bandes dessinées.

Quand vous êtes seul à la maison, n'hésitez pas à vous parler quand vous vous regardez dans un miroir. Prenez le temps de vous dire que vous êtes une personne belle, intelligente et que vous méritez de passer une belle journée. À l'occasion, faites travailler les muscles de votre visage en faisant des grimaces et riez de l'image qui vous est ainsi renvoyée.

Pratiquez votre rire en passant toutes les voyelles. Un rire en A fait travailler la gorge et les poumons; en É, il agit sur la glande thyroïde; en I, il fait vibrer toutes les parties du corps; en O, il sollicite le diaphragme, la cage thoracique et il masse l'intérieur du ventre; enfin, en U, le rire fait vibrer les cordes vocales et la nuque.

En faisant ces exercices, efforcez-vous de découvrir chacune des parties de votre corps sur lesquelles les rires travaillent. Variez les intonations pour voir si les effets seront différents et restez attentif aux changements que cela produit.

Rire à deux

Il est déjà plus facile de rire lorsqu'on est deux. Le simple fait d'avoir une personne qui rit de bon cœur à nos côtés augmente notre envie de rire. Alors, pourquoi ne pas écouter des films ou des émissions de télé à deux, avec pour objectif avoué de bien rire? Pourquoi ne pas profiter d'un bain moussant à deux pour éclabousser la salle de bains au grand complet?

Parmi les techniques existantes, on peut tout de suite mentionner celle du chatouillement puisqu'il n'est pas possible à une personne de se chatouiller elle-même. L'exercice peut être d'autant plus agréable qu'il pourra permettre à deux partenaires de mieux connaître leurs corps, ce qui n'est vraiment pas à dédaigner pour d'autres types d'activités… N'hésitez donc pas à explorer. À défaut de zones chatouilleuses, vous pouvez toujours découvrir des zones érogènes ignorées.

Si vous trouvez les chatouillements désagréables, concentrez-vous surtout sur les effets bénéfiques plutôt que sur les inconvénients. Au début, si vous êtes particulièrement chatouilleux, entendez-vous avec votre partenaire de chatouillement sur un mot clé qui mettra fin à la session. Sitôt le mot prononcé, l'autre s'engage à arrêter.

Certaines personnes très chatouilleuses, rendues à un certain point, n'en pourront tout simplement plus. L'idée n'est pas de faire rire l'autre jusqu'à ce que le partenaire se pâme. Encore ici, il faut savoir quand s'arrêter. Attention, l'exercice s'avérera peut-être contre-indiqué pour une personne qui souffre d'asthme.

Chez la plupart des gens, les zones les plus sensibles sont la plante des pieds, le bout du nez, le genou, les aisselles ou les côtes, le cou, l'intérieur des cuisses et les oreilles. On peut utiliser ses mains, sa langue ou, pour le bout du nez, par exemple, une plume.

Encore là, n'ayez pas peur du ridicule, surtout si vous êtes en compagnie d'une personne que vous connaissez bien. N'hésitez pas à jouer, à laisser l'enfant en vous s'exprimer. Connaissez-vous le jeu de «la barbichette»? Les deux joueurs sont face à face et chacun tient le menton de l'autre. Ils récitent en même temps: «Je te tiens par la barbichette; le premier qui rit aura une tapette.»

Inévitablement, ce face-à-face fera en sorte que l'un des joueurs pouffera de rire. Quand il reprend son sérieux, on recommence. Et plus on recommence, plus il est difficile de garder son sérieux.

Je sais, c'est totalement ridicule. Mais on s'en fout, non?

Rire en groupe

En groupe, le rire est facilement communicatif. Que ce soit au théâtre, au cinéma ou dans une salle de spectacle, il y a toujours quelqu'un au rire particulier et contagieux qui fait rigoler autant, sinon plus, que la personne qui est sur la scène.

Ce rire social est particulièrement libérateur et il est souvent plus facile de se laisser aller dans l'anonymat d'une foule. Sachez donc profiter des occasions qui vous sont offertes de vous divertir et de vous payer une pinte de bon sang! L'Halloween, ce n'est pas seulement pour les enfants, après tout! Profitez de cette journée pour «lâcher votre fou»! Déguisez-vous, inventez un personnage et allez dans une soirée.

Vous accompagnez votre enfant dans sa tournée de cueillette de friandises? Jouez le jeu et choisissez un déguisement qui complémente le sien. Outre l'Halloween, vous pouvez aussi trouver d'autres occasions de vous déguiser et de fêter, lors des anniversaires, par exemple, particulièrement ceux des enfants.

Dans un autre ordre d'idées, vous avez invité un groupe d'amis à la maison et les choses ne décollent pas? Dans une telle situation, n'hésitez pas à sortir des jeux de société; souvent, il suffit d'un prétexte de rien du tout pour que tout le monde se mette à rigoler! Vous trouverez une autre occasion de leur montrer vos diapos de vacances.

Prendre un p'tit coup, c'est agréable?

L'alcool, c'est bien connu, nous aide à nous débarrasser de nos inhibitions. Si un petit verre réussit à nous rendre gais, il ne faut pas oublier que l'abus risque fort de ne pas avoir les effets escomptés. Le rire, tel que je l'ai défini tout au long de ce livre, ce n'est pas celui que l'on voit dans les annonces publicitaires de bière et qui donnent l'impression que le rire et le plaisir ne peuvent exister sans alcool.

Malheureusement, de nombreuses personnes ont «le vin triste» et ne bénéficient pas des effets euphoriques potentiels de l'alcool... en plus de rire jaune le lendemain en se faisant rappeler ce qu'elles ont fait. Alors, pour rire sans modération — et pour en retirer tous les bénéfices potentiels —, il faudrait peut-être consommer avec modération, d'autant plus que les effets néfastes de l'alcool en grande quantité sur l'organisme vont annuler les effets bénéfiques du rire.

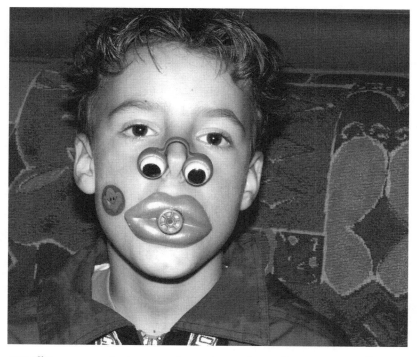

L'Halloween, ce n'est pas seulement pour les enfants. Ne vous limitez pas à cette fête pour vous déguiser: toutes les occasions sont bonnes!

Rions encore un peu...

Toutes ces descriptions sur les effets du stress et sur les effets physiologiques du rire ne doivent pas nous faire perdre de vue notre sujet principal: le rire. J'espère que les blagues qui suivent sauront vous y aider.

* * *

Un millionnaire va au casino et y perd tout son argent en une nuit. Le lendemain, il dit à sa femme:

— Il faut se serrer la ceinture! Tu pourrais apprendre à cuisiner, comme cela, on pourrait se débarrasser de la cuisinière.

— Et toi, répond sa femme, tu pourrais apprendre à faire l'amour, comme cela, on pourrait se débarrasser du jardinier.

Un homme tombe d'un gratte-ciel. Lorsqu'il s'écrase au sol, il est complètement chauve. Quelques heures plus tard, ses cheveux commencent à tomber à leur tour. Il paraît qu'il utilisait une lotion qui retardait la chute des cheveux...

Un brave curé de campagne est impliqué dans un terrible accident de la circulation et il meurt. Il arrive au paradis où saint Pierre l'accueille.

— Oui, vous désirez?

— Je veux voir saint Christophe. J'ai deux mots à lui dire!

Un petit garçon de cinq ans demande à sa mère comment elle est née.

— Euh! dans un bouquet de roses, répond la mère, visiblement mal à l'aise.

Perplexe, le garçon va poser la même question à son père.

— Je suis né sous une feuille de chou.

Encore plus perplexe, le garçon va voir sa grande sœur.

— Et toi, tu es née dans un bouquet de roses ou dans une feuille de chou?

— Ni l'un ni l'autre, répond sa sœur, c'est une cigogne qui m'a apportée.

Le petit garçon explose.

— Mais il n'y a donc personne qui soit né de façon normale, dans cette famille!

Dans la salle de maternité, une femme sur le point d'accoucher hurle de douleur. Une infirmière, excédée par ses cris, se précipite à son chevet.

— Mais enfin, calmez-vous, madame! Ne faites pas l'enfant...

Deux hommes font les cent pas devant la porte de la salle de maternité.

— Ça tombe mal, dit le premier. En plein pendant mes vacances annuelles.

— Compte-toi chanceux! répond l'autre. Moi, ça arrive en plein milieu de mon voyage de noces!

Le péché originel? Une pomme, deux poires et beaucoup de pépins.

Au paradis terrestre, Ève fait une scène à Adam.

— Pourquoi es-tu rentré aussi tard, hier soir? Tu étais avec une autre, n'est-ce pas?

— Mais avec qui veux-tu que je te trompe? Nous sommes seuls ici!

Nullement convaincue, Ève attend qu'Adam dorme pour compter le nombre de côtes qu'il lui reste.

Après l'amour, un homme supplie sa copine.

— Chérie, dis-moi que je suis le premier!

— Mais bien sûr que tu es le premier. Mais qu'est-ce que vous avez, vous les hommes, à tous poser la même question?

Deux anges font la causette.

— Quel temps fera-t-il demain? demande le premier.

— Nuageux, répond l'autre.

— Tant mieux! On pourra s'asseoir...

Abel rencontre son frère.

— Comment vas-tu, Caïn?

— Caha! répond l'autre.

Une femme téléphone à sa compagnie d'assurances.

— Mon mari était assuré chez vous contre les incendies et il est mort. Pouvez-vous me verser la prime?

— Il est mort dans un incendie?

— Non, d'un infarctus! Mais je l'ai fait incinérer!

— Alors, tes vacances, ça s'est bien passé?

— Non. On m'a amputé une jambe.

— Aïe! Comment c'est arrivé?

— J'ai nagé dans la mer. Comme j'étais un peu fatigué, je faisais la planche quand j'ai croisé un poisson-scie.

Deux chattes discutent entre elles.

— Il ne faut vraiment pas se fier aux apparences, dit l'une. Tu sais, le gros matou qui se tient dans la ruelle, derrière le restaurant?

— Oui, je vois de qui tu veux parler, répond l'autre. Il a l'air tellement viril...

— Eh bien! Imagine-toi que je suis sortie avec lui hier soir. Il m'a emmenée au parc et m'a fait étendre dans l'herbe fraîche.

— Et après? Qu'est-ce qu'il t'a fait, veinarde?

— Il s'est couché sur mon dos et il m'a raconté son opération pendant une demi-heure!

Une femme s'arrête dans une boutique où l'on vend des chaussures.

— Je désire des souliers à talon plat.

— C'est pour porter avec quoi? demande le vendeur.

— Avec un homme plus petit que moi.

— Un producteur convoque un metteur en scène.

— On va tourner un film sur Aznavour et c'est Belmondo qui va jouer le rôle principal.

— Mais, pourquoi on ne prend pas Aznavour?

— Personne n'y croira. Il est trop petit!

Un curé recueille une confession d'un paroissien. Tout à coup, il sort du confessionnal en courant et va voir le sacristain.

— Georges! Ta femme nous trompe...

Deux évêques américains discutent ensemble.

— Vous croyez qu'on verra ça, le mariage des prêtres?

— Nous, sûrement pas. Nos enfants, peut-être...

Dans le Grand Nord canadien, un agent de police interroge un suspect.

— Que faisiez-vous pendant la nuit du 15 novembre au 15 avril?

Vous connaissez l'histoire de l'eunuque décapité?

C'est une histoire sans queue ni tête.

Une voyante téléphone à une autre voyante.

— Allô? Vous allez très bien, merci. Et moi-même?

Une toute petite histoire de fantôme: Hier, j'ai rencontré Roger avec sa veuve...

Deux petits garçons de sept ans discutent. Pour impressionner l'autre, le premier lance:

— Moi, je sais comment on fait des enfants!

Peu impressionné, l'autre répond:

— Moi, je sais comment éviter d'en faire!

Dialogue de fous.

— Moi, je suis né en Australie.

— Et moi, à l'hôpital!

— Ah oui? De quelle maladie?

Roger, sept ans, demande à sa mère:

— Maman, est-ce que je peux avoir un enfant à mon âge?

— Bien sûr que non. Où vas-tu chercher de telles bêtises?

Roger sort de la maison et va rejoindre Julie, qui a cinq ans. Il la prend par la main et l'entraîne à l'arrière de la maison.

—Viens! On n'a rien à craindre…

Deux mouches vertes se sont posées sur une grosse bouse fraîche.

— J'ai envie de péter, fait la première.

— Ça ne va pas? On ne fait pas ça à table!

Un poète, c'est un type qui est complètement exténué le soir, parce que le matin, il a ajouté une virgule à son texte et que l'après-midi, il l'a enlevée...

Deux microbes se rencontrent:

— Mais qu'est-ce qui t'arrive, mon vieux? Tu n'as vraiment pas l'air en forme...

— Je suis malade.

— Mais qu'est-ce que tu as?

— J'ai attrapé la pénicilline!

Le mariage, c'est comme une toile de Picasso. On aime ou on n'aime pas...

Un extraterrestre rentre chez lui après une expédition sur Terre. Il se présente devant son chef avec un téléviseur sous le bras:

— Je n'ai pas pu capturer de terrien, mais j'ai ramené un de leurs dieux...

Petite prière d'une jeune femme volage à la sainte Vierge:

— Sainte Marie, mère de Dieu, vous qui avez conçu sans pécher, permettez-moi de pécher sans concevoir...

Un petit zèbre part à la découverte du monde. Il rencontre une vache et lui demande:

— Que fais-tu dans la vie?

Et la vache de répondre:

— Je fais du lait.

Un peu plus loin, il rencontre un mouton et lui demande:

— Que fais-tu dans la vie?

Et le mouton de répondre:

— Je fais de la laine.

Plus tard, il rencontre un étalon et lui demande:

— Que fais-tu dans la vie?

Et l'étalon de répondre:

— Enlève ton pyjama et je vais te le montrer!

Échange entre une députée travailliste et Winston Churchill, alors premier ministre:

— Monsieur, si j'étais votre femme, je vous servirais du thé empoisonné!

— Madame, si j'étais votre mari, je le boirais!

Occasions de rigolade

On ne peut pas passer toute sa vie à rigoler mais, entre deux moments «sérieux», n'hésitez pas à vous dilater la rate selon la méthode qui vous convient le mieux. N'oubliez jamais que «plus on est de fous, plus on rit».

- Un album de bandes dessinées: Astérix, Achille Talon et autres, particulièrement ceux qui vous font rire. Ressortez les livres qui vous ont fait rire lorsque vous étiez jeune et essayez de vous remettre dans un contexte où le rire était facile et spontané.

- Assistez à un spectacle d'humour, de préférence en salle pour mieux vous imprégner du rire des autres: Yvon Deschamps, Raymond Devos (c'est plus difficile; il n'en donne presque plus), Mario Jean, Murielle Robin. Tant au Québec qu'en France, ce n'est vraiment pas le choix qui manque!

- Regardez un film de Charlie Chaplin, de Robin Williams (*Patch Adams*, en particulier) ou tout autre film que vous jugez «tordant», même si vous l'avez déjà vu. Si nécessaire, achetez la vidéocassette pour l'avoir sous la main en cas d'urgence-rire. Mettez de côté votre esprit critique et laissez-vous aller à rire sans aucune retenue.

- Écoutez un discours politique... Dans ce cas précis, profitez-en pour développer ou exercer votre sens de l'humour et voyez les promesses des politiciens pour ce qu'elles sont: de grosses blagues écrites par des scripteurs qui n'ont pas une once d'humour et débitées par des comédiens sans talent!

- Entourez-vous de personnes qui aiment la vie. Ne passez pas à côté d'occasions de rigoler ou de vous amuser.

Références Internet

Dans Internet, il existe une panoplie de sites Web consacrés à l'humour et aux blagues. Au besoin, allez y faire le plein! Faites une recherche sur Google avec des mots clés comme «humour», «blague», «rire», «stress», et vous obtiendrez de nombreux résultats.

Voici quelques-uns des sites que j'ai visités en faisant mes recherches pour ce livre.

http://rire.com/blague

http://www.humour.com

http://www.rigoler.com

http://www.humourqc.com

http://www.humourquotidien.com

http://humour.abondance.com

http://www.blagues.info

http://www.misterblague.com

http://www.blague.fr/index.php3

http://www.c-rigolo.com

http://www.franchement.com/newpage/addjoke.shtml

http://phortail.org/humour.php

Voici d'autres sites intéressants.

L'institut Gesundheit: http://www.patchadams.org

Le film *Patch Adams*:
http://www.patchadams.com/story.html

Soixante-neuf trucs pour réduire le stress:
http://www.acsm-ca.qc.ca/stress/69-trucs.html

Un site de psychologie: http://www.doctissimo.fr/html

Le site personnel de Pierre Desproges, humoriste français: http://www.desproges.fr

Bibliographie

BERGSON, Henri. *Le rire. Essai sur la signification du comique*, Paris, Éditions Alcan, 1924.

BOUCHER, Francine et André BINETTE. *Bien vivre le stress*, Montréal, Éditions de Mortagne, 1981.

CHABOT, Daniel. *La sagesse du plaisir*, Montréal, Éditions Quebecor, 1991.

COUSINS, Norman. *La volonté de guérir*, Paris, Seuil, 1980.

DANTÈS, Philippe E. *Ne soyez plus une victime*, Montréal, Éditions Quebecor, 2001.

DESGAGNÉS, Paule. *La rigolothérapie*, Montréal, Éditions Quebecor, 1996.

LAFLEUR, Jacques. *Les quatre clés de l'équilibre*, Montréal, Les Éditions Logiques, 1994.

NÈGRE, Hervé. *Dictionnaire des histoires drôles*, Paris, Fayard, 1988.

RUBINSTEIN, Dr Henri. *Psychosomatique du rire*, Paris, Éditions Robert Laffont, 1983.

SCHALLER, Dr Christian Tal. *Rire, c'est la santé*, Genève, Éditions Vivez Soleil, 1986.

SCHALLER, Dr Christian. *Rire pour gai-rire*, Genève, Éditions Vivez Soleil, 1994.

Table des matières